長崎がうんだ奇妙人列伝

長崎がうんだ奇妙人列伝

江越弘人

朗文堂

目次

はじめに

宮原祥平、富永隼太、長崎七兵衛、三人の生き様を綴り始めたのは、今から七年前の平成二〇年、私が西海市立大瀬戸歴史民俗資料館に勤めていた頃である。

大瀬戸歴史民俗資料館は、昭和五七年に大瀬戸町によって創設され、農具や漁具などの民俗資料はもとより、石鍋《いしなべ》資料や家船《えぶね》関係資料などが中心に展示されている非常にユニークな資料館である。石鍋とは、あまり聞きなれない言葉であるが、全国各地の中世遺跡から出土している中世の厨房道具である。西海市が存在する西彼杵《にしそのぎ》半島には、石鍋の原料となる滑石《かっせき》が豊富に産出していた。かつては滑石層から半製品化した石鍋を採取し、山中から海岸へ運びおろし、遠くは東北地方など日本各地に運ばれた。鎌倉や大坂、広島などの石鍋消費地では、精製し製品化され、家庭の厨房道具として大切に使われた。

中世の終わり頃、一六世紀になって突如として石鍋の使用は終わりを告げ、石鍋の大生産地である西彼杵半島の山中にある石鍋生産地遺跡は闇に包まれてしまった。この石鍋遺跡に再び光があたったのは昭和五六年のことである。大瀬戸町内にあるホゲット石鍋生産地遺跡が国の史跡に指定されたのである。本歴史民俗資料館は開館にあたってホゲット遺跡の出土品を多数収蔵するとともに、日本で最後まで残った漂海の民「家船《えぶね》」関係資料を展示しているのが、他の資料館に見ない特色である。

大瀬戸歴史民俗資料館に言葉を費やしてしまったが、この外、多くの歴史民俗資料が本資料館の開館にあたって、地域の協力によって多数収蔵することができた。

本著に紹介する宮原祥平、富永隼太、長崎七兵衛も、主に本館所蔵文書によっている。宮原と富永は西海市出身者であり、文書資料も旧家から本館に寄贈または寄託されたものである。長崎七兵衛については資料の来歴は不明である。時津村に十石の所領があり、大村に住み、勤めていたようである。それが何故、西海市の本資料館にあるのかは分からない。

いずれにしても、私は七年前、三人に出会い（もちろん、文書の上で）、幕末から明治にかけての激動の時代に生き抜いてきた生き様に感動した。以来、よく読み取ることのできない古文書と格闘しながら、名も知られぬ三人の人生を追ってみた。

書いている時には、対照的な三人の人生にひかれて、ただ、調べたまま、思いのままに書きなぐっていただけであった。しかし、八〇の齢を重ねた今、この三人を私の墓中に収めてしまうのも申し訳なく思い刊行の手立てを探っていた。

幸い、朗文堂片塩二朗氏のご厚意により、小冊子ながら出版することができた。

私の拙いこの本をお読みになり「歴史の宝庫、長崎」にも陽は当たらないが、興味のある人物がいたことを知っていただけるなら、何よりもうれしく思うところである。

平成二七年　　江越弘人

第一章　祥平じいさんの大旅行

（日本の果てからこんにちは）

一　プロローグ（大旅行家宮原祥平さんの人となり）

「雪ノ浦」ってどこにあるか知ってますか。知らないでしょうね。

いや、知る人は、知ってますかね。「雪ノ浦」はとってもナウイまちです。

美しい自然と、豊かな人情に魅せられたゲイジュツカが、移り住んでいるまちです。こんな、交通不便ななんにもないまちを「ついのすみか」に選んだゲイジュツカさんも変わっているなら、それを迎え入れ一緒になって「ゆきのうらウィーク」とやら、訳の分からないイベントをおっぱじめた雪の浦の人々も相当に変わっていますよね。

今の雪の浦人も変わっているなら、昔にも相当変わった人物がいました。

このとんでもないドいなかの雪の浦で、幕末から明治・大正時代に一生を過ごした宮原祥平さんは、交通不便な時代に何と一三回も上京、大旅行をしました。

「何だ、たった一三回か。大したことでない」とおっしゃることでしょう。いや、この『雪の浦』からだと、一回でも二回でもたいへんなことだ、と私は思うのです。

あ、そうそう、いったい『雪の浦』って何処、という疑問に答えなければなりませんね。では、まず東京駅から新幹線に乗って九州博多へ向かいましょう。朝早くお宅を出ると、そう、夕方には博多に着くでしょう。それから長崎行きの特急「かもめ号」に乗ってください。特急とは言っても単線で

柔術の用具（くさり棒）を持つ晩年の宮原祥平

すから、行き交わしの待ち合せがあって、二時間程かかります。そうすると午後七時か八時頃に着くことになります。

いやはや、長崎って遠いですね。いや、これからさらに『雪の浦』に辿り着かなければなりません。

『雪の浦』のある西海市までは、バスで行かなければなりません。一日に数本ある直通バスに乗って二時間余りかかります。夜更けに着いても宿の手当てがたいへんですから、その夜は長崎駅前のホテルで泊まったほうが無難でしょう。

さあ、朝になりました。西海市板の浦行きの直行バスが長崎駅前を通過しますから、間違えないように乗込みましょう。

バスは、北へ北へと発展してきた市街地をワンコインが自慢の路面電車と並行して走ります。

雪の浦の砂丘海岸（後《うしろ》の浜）

六キロほど北に行ったところで、路面電車の線路と別れます。いよいよ郊外です。しかし、ここらあたりも家並は切れ目なく続き、マンションと大型ショッピングの激戦地で、道路は渋滞がちです。

駅前から一〇キロほどで長崎最大の団地「滑《なめ》石《し》団地」を通り過ぎます。かつては非常な難所であった滑石峠をトンネルで抜け、今度は緑豊かな谷間をどんどんと下って行きます。下りきったところが新長崎漁港の広大な埋立地「畝《あぜ》刈《かり》」です。

ここまで来ると、時間的には半分以上は過ぎたことになります。距離はもう二〇キロもないでしょう。しかし、ここからは『追越不可』の黄色い中央線が引いてある片側一車線の道路を海岸に沿っていくつもの峠を登り下り、曲りくねりして走ります。

雪の浦川に架かる新雪の浦橋

　しかしながら、のんびりと走るバスの車窓からの眺めは、さすがに素晴らしいものです。左手西側は、かつて南蛮船や和蘭船が行き交った大海原で、角力《すもう》灘《なだ》と呼ばれています。右側が西彼杵《そのぎ》半島の山並で、キリシタンが隠れ住むには格好の場所でした。黒崎や出津《しつ》の美しい教会の姿に、厳しかった禁教時代に思いをはせていると、いつの間には神浦《こうのうら》の集落も過ぎ、やがてお目当ての「雪の浦」に着きます。長崎駅前を午前八時頃乗車したとするならば一〇時頃には着くことでしょう。

　バスから降り立ったところに雪の浦公民館があり、国道を挟んでかわいらしい小学校「西海市立雪の浦小学校」があります。

　バス停から百メートルほど先に行ったところに橋が架かっています。「雪川橋」（現在は新雪の浦橋）です。車が行き違うにも遠慮しながら走らなければならないような小さな古くて長い橋ですが、これが西彼杵半島第一の大河「雪の浦川」に架かる最下流の橋です。橋の左側に河口に伸びる松林の砂丘が見えます。雪川橋からは砂丘の裏手に当たり、墓地が並んでいて美しい砂浜は見ることはできません。橋の右手には雪の浦川が大きく入江のように広がり、満潮のときには美しい水を満々と湛えています。

「山紫水明の地」とは、ここのことを言うのでしょうか。白鳥が、雪の浦川をすっかり気に入って住み付いているということですが、ゲイジュツカさんが住みつくのもムベなるかなと言うことでしょう。

さて、「雪の浦」へのアクセスがどんなにたいへんかが、だいたい分かったところで、八九歳の長寿を全うするまで、長崎の、いや日本の辺地「雪の浦」で生涯をすごした祥平じいさん、つまり「宮原祥平」の一生を振り返ってみましょう。

「どうして、そんな田舎のじいさんの生涯がわかるのか」というのですか？

世の中には、筆まめな人がいるものですね。宮原祥平さんは、「宮原祥平前忠履歴」という自分の生涯を書き綴った、いわゆる「自分史」を書き残しているのです。ちょっぴり残念なことに晩年に思い起こして書いたもののようで、ところどころ思い違いや抜けたところがあります。

しかし、一生に一三回も上京するという大旅行（まだまだ交通が未発達だった明治時代としてはたいしたものだと思いますよ）の記録は、きっとメモでも残していたのでしょう。実に詳細を極めています。

祥平じいさんの大旅行は、近代化を推し進めた明治の交通の発達（特に鉄道）の歴史そのものだと思うのです。そのことはおいおい述べることにして、まずは「宮原祥平」とはいかなる人物かについて述べましょう。

祥平は、天保一一（一八四〇）年、大村藩士？渡辺茂野八《のもはち》の長男として生まれました。「大村藩士？」とハテナマークをつけたのは、藩士と言えるほどの身分の武士かどうか分からないからです。

大村藩では、全国に類のない立派な藩内の記録『大村郷村記』を残しました。『郷村記』は、天和元（一六八一）年から一八〇年の歳月をかけて、途中中断したこともありましたが、最終的には文久元（一八六一）年に完成した大村藩領内の総合調査書です。

大村藩のことなら何でも分かるという素晴らしい記録で、特に幕末の頃については、下は足軽から上は家老まですべての藩士の名前が記されています。しかし、郷村記完成の頃に生きた「渡辺茂野八」の名前はどこにも記されていません。僅か三石取りの足軽や「無高」と書かれた扶持米の無い武士（足軽クラス）もちゃんと名前が記されているのに、茂野八の名前はどうして無いのでしょうか。

ともかく祥平さんの「履歴書」によれば、「万延三年に自分が一五歳の時に、父茂野八は川棚村の百津《ももつ》の塩田《えんでん》四番浜の施主に任じられて家族全員移り住んだ」と書いていますので、塩田の施主という役職に就いたことは確かでしょう。

だが、万延三年という記述はとんでもない間違いで、そもそも万延三年という年はありません。井伊直弼が桜田門外で殺された万延元（一八六〇）年は、その年だけの一年限りです。そうすると、祥平さんは「安政三（一八五六）年」と書き間違えたのでしょうか。しかし、安政三年だとすると、祥平一六歳（数え年の一七歳）です。祥平さん自身は、一五歳と書いてあるので、少し強引な解釈となってしまうのですが、父茂野八が川棚百津四番浜の施主に任じられたのは、素直に考えると安政元（一八五四）年ということになると思います。

ここで、少し長くくどくなりますが、祥平の父茂野八さんの身の上を探ってみましょう。それが、本書の主人公「宮原祥平」の身元を明らかにすることになりますから……。

『大村郷村記　川棚村』の巻に、川棚百津浜の塩田のことが書いてあります。それによると川棚村（長崎県東彼杵郡川棚町）には、まず享和二（一八〇二）年に塩田が開かれました。次いで、嘉永二（一八四九）年から四年をかけてさらに四つの塩田を開かれました。享和の塩田を古浜と言い、嘉永の塩田を新浜と言います。新浜は、一番浜から四番浜までありました。それぞれの浜（塩田）には責任者として施主が置かれました。「郷村記」には残念ながら施主の名前が書いてありません。

しかし、幸いなことに川棚町の喜々津健寿という郷土史家が「大村藩の産業経済史」という本の中に「塩浜日記（抜粋）」という記録を紹介しています。

この日記は、川棚塩田の総責任者（御用懸）だった田崎斧右衛門が書いたもので、斧右衛門が御用懸に任じられた安政二（一八五五）年から三年にかけての記録です。その日記に施主の名前が出ています。安政二年八月二五日の項で、「今早朝施主の内三人に塩代取立を、松尾右助、安井太五郎、渡辺祐右衛門に申しつける」とあります。安政三年の記録には、施主の名前は書いてありませんでした。

ともあれ、「郷村記」を調べてみると、施主の一人松尾右助は、「雪浦村の三石取りの小給」と書いてありました。あと二人の安井太五郎と渡辺祐右衛門については「郷村記」の中には出ていません。

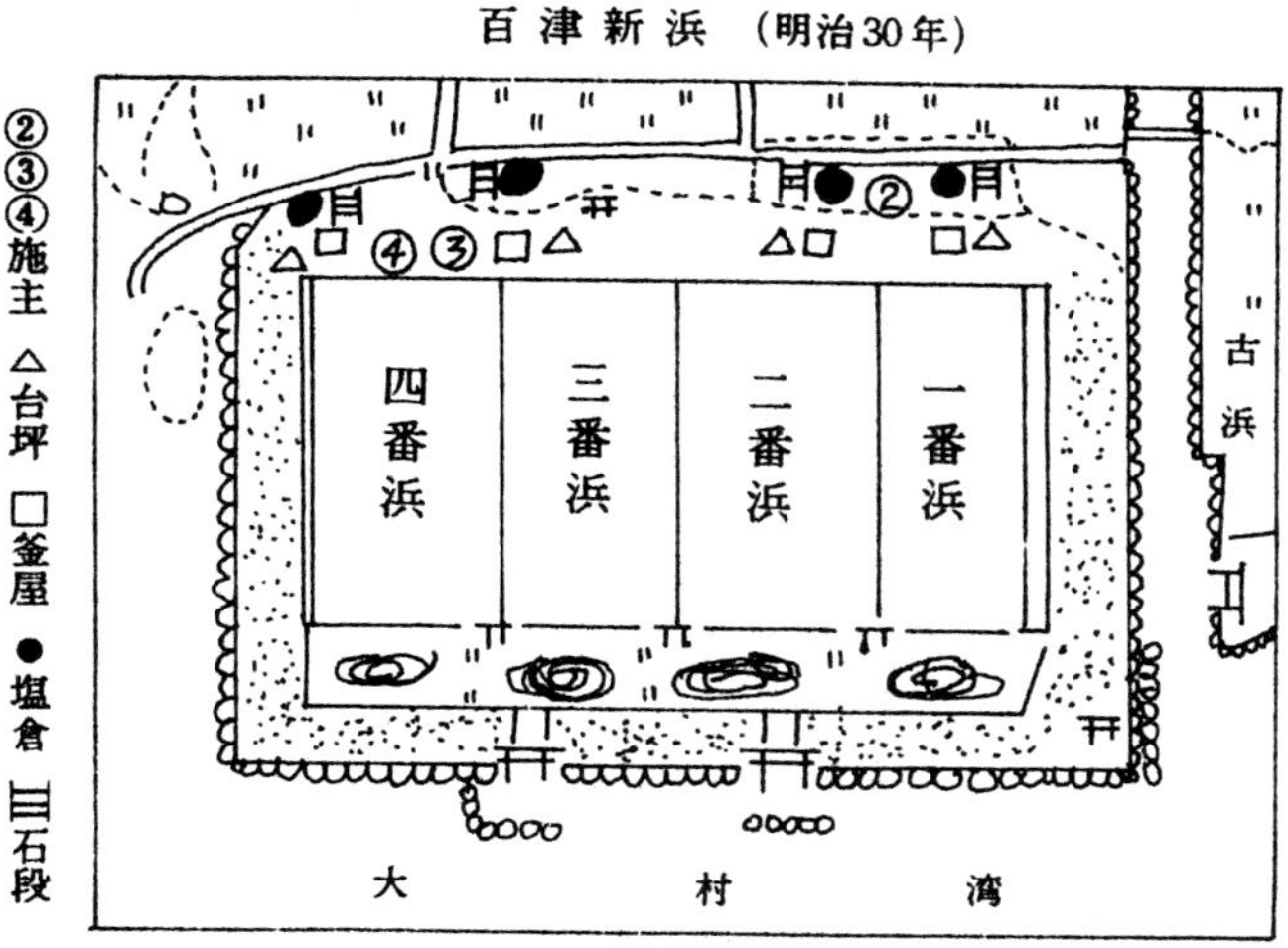

川棚村百津塩田図（「大村藩の産業経済史」喜々津健寿著より

ちなみに施主たちの上司田崎斧右衛門は、宮村（現在、佐世保市宮村）の村大給五石と出ています。彼らは足軽なみに禄高の少ない武士ですが、藩士としては、足軽よりも身分は高いようです。

渡辺茂野八が安政元年頃に四番浜の施主に任じられたのではないかと考えるのは祥平さんが「一六カ年塩浜工業に励む」と書き、祥平が三一歳で故郷に帰ったと書いてあることを根拠にしています。明治三（一八七〇）年に藩営の塩田は終り、塩浜役所が廃止されました。渡辺姓であった祥平は、一五歳の時、つまり安政元（一八五四）年に川棚百津四番浜へ行き、一六年間施主を勤めた父茂野八とともに過ごし、明治三（一八七〇）年に故郷「雪の浦」に帰ったことになります。

おそらく、茂野八は施主となっても、大村藩の給人（藩士として認められている武士）ではなかったのでしょう。他の藩では『郷士』という身分の武士がいましたが、大村藩でも百姓と藩士と間のような武士がいたのでしょうか。

茂野八は、四一歳で川棚百津塩田の四番浜の施主となり、ようやく藩士（給人）の身分に近づいてきました。身分制度の厳しい当時としては、たいへんな抜擢ではなかったのかと思います。塩浜の施主の仕事は、塩田で働く人夫（浜子や釜たきなど八、九人）の雇用や指揮監督などでした。特に大切なのは、領内の村々に割り当てて販売していた塩代の取り立てでした。

なかなかたいへんな仕事で、給料は年俸で九拾貫文から百貫文（一五両くらい）であったと言います。それまでふるさと雪の浦ではどのような仕事をしていたのか分かりませんが、雪の浦にも小規模ながら塩田がありました。雪の浦塩田は寛政七（一七九五）年完成、一町八反歩（雪の浦村郷村記には一町三反余）。川棚百津の塩浜は、約一三町七反で嘉永五（一八五二）年完成し、茂野八はその四分の一にあたる四番浜を安政二年頃受け持ちました。

雪の浦塩田のことは、郷村記にも記録が少なく、はっきりしたことは何も言えませんが、この雪の浦塩田で働いていたのかもしれません。そこでの仕事は、浜子のような労働者ではなく、やはり施主のような責任者としての任務であったのでしょう。

茂野八が安政時代になって大村藩直営の塩田を任されたのは、これまでの雪の浦塩田での経験が買われたのかも知れません。なにしろ、「雪の浦村郷村記」には「塩浜壱町三段三畝拾歩半　納塩拾弐石七斗九升壱合五勺」「塩拾弐石七斗九升壱合五勺　塩浜納」とあるほか、釜百姓がいたとも釜左司《かまさじ》がいたとも書いていません。ただ、専門の塩造師ではなくとも、片手間であろうとも、雪の浦で塩が造られていたことは確かです。

渡辺茂野八が、その塩造りに関わっていたことは十分考えられることだと思います。いささか、強引ではありますが、われらが宮原祥平は、どのような家柄の出身であるか、だいたい分かったことと思います。

祥平さんの「履歴書」を見ると、小さい頃からなかなか気が利いた子であったようで、嘉永五（一八五二）年、一三歳の時、雪の浦の領主富永治部《じぶ》（大村藩二百六十石取りの上級藩士で、雪の浦村には二百十石の知行地を持っていた）から召し出されています。富永治部が、大村藩の聞役《ききやく》に任じられ長崎に赴任するに当たって、役に立つ子供を連れて行きたかったようです。長崎聞役とは、大村藩と長崎奉行所との意思疎通を行い、さらに九州諸藩から派遣されている聞役と情報交換するという重要な役目を持っていました。少年祥平は、ご領主富永治部様のお供をして長崎の蔵屋敷《くらやしき》（大村藩蔵屋敷は、長崎駅前中町にありました。現在、中町カトリック教会となっています）に行きました。富永治部は、嘉永五（一八五二）年と安政元（一八五四）年の二度長崎聞役に任じられています。祥平も最初は給仕役として、二度目は小姓として、春から秋にかけて長崎にお供をしました。

祥平のお供は、富永家の家来としての勤めではなく、臨時に雇われたもののようで、安政二－三年頃、父茂野八が川棚百津四番浜の施主に任じられた時には、父とともに一家揃って川棚へ移住しています。

祥平は富永治部によほど可愛がられていたのでしょう。一七歳と言いますから、数え年だとすると安政三年（一八五六）には、福田村の在番（長崎市福田。ここに大村藩の外海《そとめ》十六番所の一つ福田大番所がありました。在番とは責任者のこと）となった治部のお供をして七月から一〇月まで福田へ出張しています。この時の祥平の役については何も書いていませんが、もう成人していますから小姓などではなく、仲間《ちゅうげん》か足軽としてお供したのではないでしょうか。

祥平は、二年後の安政五（一八五八）年に川棚百津塩浜で、富永杢左衛門（どのような人物か分かりません）の二女キヨと結婚し所帯を持ちました。数えの一九歳のときでした。キヨの年齢は分かっていませんが、おそらく一四、五の幼妻だったと思います。祥平は、渡辺家の長男として父茂野八の後継ぎをする覚悟だったのでしょう。

祥平さんの書き間違いには時々困らされます。「安政四年巳ノ春我レ廿才ニシテ」と書いてありますが、安政四年巳年ならば結婚前の一八歳になり、二〇歳ならば安政六（一八五九）年になりますが、ともかく、そのどちらかの年に、塩浜当役（総責任者）の田崎斧右衛門が塩浜御用で出張した際に、足軽兼書記としてお供しています。

祥平さんは、書き残してはいませんが、事あるごとにお供をし、引き立ててくれていた富永治部種《じぶたね》克《かつ》が安政五年六月に三八歳の若さで亡くなっています。この年の一一月に祥平さんは川棚で結婚していますから、嬉しくてつい書き忘れたのでしょう。ともかく、治部との出会いが、宮原祥平という人物の生き方を決めたと、私は思っています。

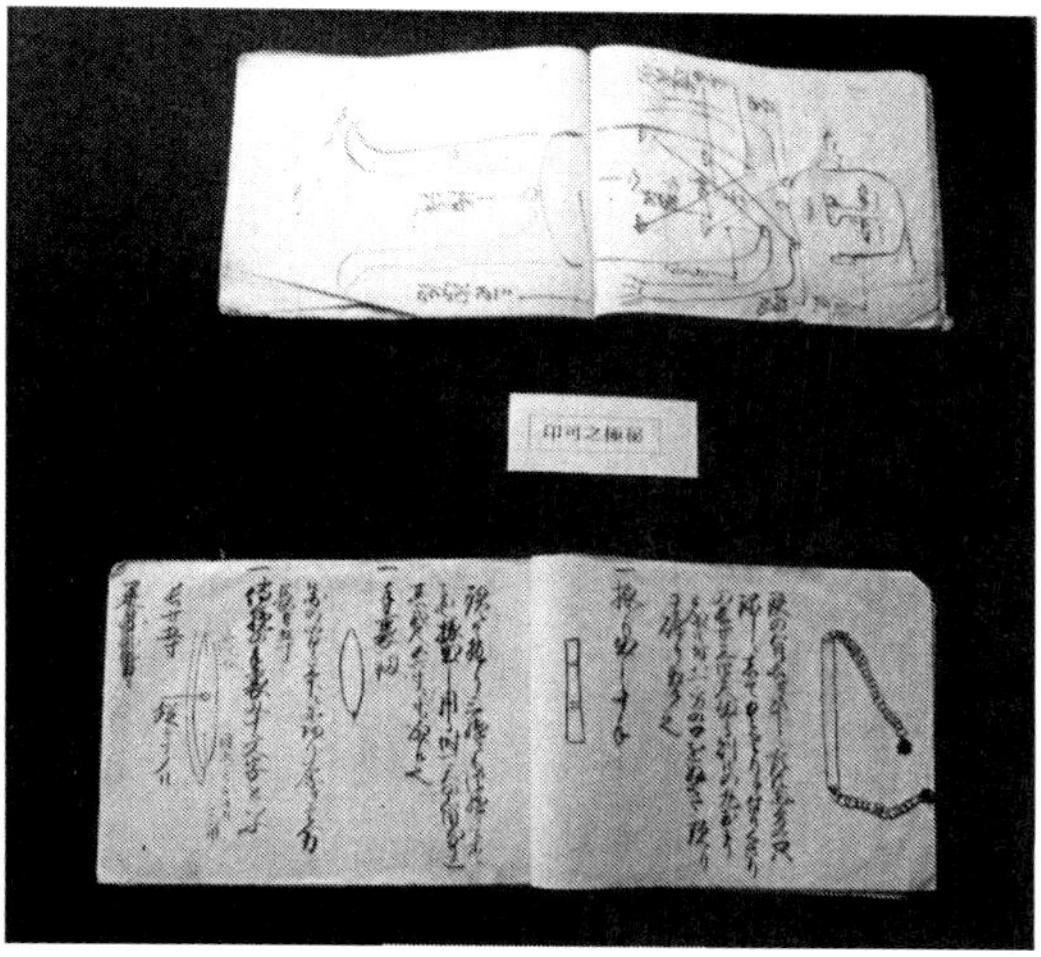

柔術真妙流秘伝書

治部は、自分の知行地、雪の浦出身で利発な祥平を愛し、郷土伝来の柔術「真妙流」を伝授したり、学問を授けたりしたのでしょう。「真妙流」とは紀州根来の忍術の流れを汲む総合武術で、雪の浦村を中心に西彼杵半島西海岸（外海地方という）に広く行われていました。しかし、残念なことに昭和になって誰も受け継ぐものがいなくなり絶えてしまいました。ただ、この真妙流の秘伝書や伝授書などが今日も残されています。雪の浦の領主富永治部は、真妙流の師範でもあったのです。

富永家では、当主治部の死後、祥平さんを文久二（一八六二）年から二年間、まだ幼い後継ぎの鷲之助（隼太《はやた》）のお傅役《もりやく》に任じています。この時、祥平さん二三歳（数え）、鷲之助は六歳頃でした。

また、慶応二（一八六六）年から明治元（一八六八）年に至る多難な時期に、富永家では、祥平さんを年番役司計（会計掛のようなものでしょう）に任じています。ともかく、富永家からの祥平さんに対する信頼は厚かったようで、鷲之助の立派な成長を祈って太宰府天満宮へ富永家の代参として元治元年（一八六四）と慶応元年（一八六五）の二度、それぞれ往復七日の参詣旅行を行っています。

祥平は、計数に明るく、真妙流柔術の達人でもありました。代参旅行で触発された旅好きは、柔術で鍛えられた健康と抜け目なく築き上げられた財産によって、たいへんいろどり豊かなものになっていきました。

こうして、父茂野八の後を歩むかに見えた祥平の人生は、明治維新という世の中の大変動に遭遇したこともあって、塩造り一筋の父とは一味違う生き方をすることになりました。

祥平さんが経理に明るいということは、知れ渡っていたようで、廃藩置県直前の明治元年（一八六八）と明治三年（一八七〇）の二度、大村藩最後の聞役となった岩永広衛《ひろえ》（川棚村に主な知行地があった百石取りほどの大村藩士）の請払司計役として長崎へお供をしています。

明治三年（一八七〇）には、塩田の藩直営事業も廃止となり、渡辺茂野八は一家をあげて故郷雪浦に帰ってきました。父茂野八は五五歳になり、祥平は三一歳となっていました。一家の生活は、祥平の肩に掛ることになりました。

その後、祥平は、どんな仕事をして一家を支えていたのか分かりませんが、チャンスは「地租改正」とともに巡ってきました。明治四年（一八七一）七月に廃藩置県が施行され、大村藩は消滅してしまいました。武士たちは藩に頼らず自分々々の才覚で、生きていかなければならなくなりました。明治六年（一八七三）七月には地租改正条例が布告され、土地の価値に税金が掛けられるようになり、各村々ではそのための台帳の作成が急務となりました。そのような時、祥平のように計数に明るい人物が重宝されたのでした。

明治八年（一八七五）三六歳の祥平さんは、雪の浦村の地租改正方書記となり、それから多以良村、神浦村と毎年のように地租改正を担当しました。祥平さんは、地租改正の仕事で頭角を現し、明治一三年（一八八〇）には雪の浦村戸長役場の書記に正式に任用されました。それからは、さまざまに降ってかかる仕事をこなし、明治一九年（一八八六）四七歳の時には雪の浦村会議員に選ばれています。明治二二年（一八八九）五〇歳の時には、村の収入役に登用され、県道や橋（雪の浦橋＝雪川橋）などの建設にも係わり、雪の浦村でも押しも押されるひとかどの人物となりました。

祥平さんの成功話をくだくだと話すことは、本意ではありませんので、このくらいで打ち切りますが、彼が「雪の浦」でメキメキと頭角を現すなかで、渡辺から宮原へと姓が変わり、このような田舎では珍しく何度も大旅行を始めたのです。

雪の浦　真光寺

二　祥平さん、旅に目覚める

祥平さん一三回の上京という大旅行は、明治一一年（一八七八）三九歳の時から始まりました。祥平さんは、地租改正の大仕事で「出来る男」として売り出しの最中で、まだまだ仕事が山積していました。どうして、この時期に郷里を留守にしたかというと、彼が雪の浦村の檀那寺真宗大谷派の飯盛山真光寺の門徒惣代の一人に選ばれたことと無縁ではないようです。祥平さんは、この年から一四年の間、真光寺の門徒惣代を勤めていますが……。ともあれ、まず、第一回目の旅行のあらましを紹介しましょう。

明治一一年四月二二日午前一一時に荒野又右衛門さんの船に乗り「順風で午後三時には長崎に着いた」とあります。おそらく帆かけ船で雪の浦を出発したのでしょう。

その日は、長崎市樺島町の諸熊喜平さんの家に一泊し、翌二四日に江戸町の錠屋から日宝丸に乗って大阪に向かいました。二二日と二四日では文脈上、日数が合いません。祥平さんは何も言っていませんが、雪の浦・長崎間は一日と四時間かかったのかも知れません。しかし、雪の浦・長崎間は、帆船で順風に恵まれたなら四時間くらいで到達できるということですので、やはり、二二日中には長崎に着いて、二泊して二四日に蒸気船日宝丸で大阪へ向かったのか知れません。

第一回目の旅行は、記録が簡単なので帰りの日にちは分かりませんが、大阪から京都へ行き、伊勢に回り、再び大阪から下関に着いています。そこから、記録の通りに書くと「大裏（北九州市大里）、小倉、筑前、佐賀、武雄、上波佐見ヲ経て帰村ス」となっており、だいたい長崎街道を歩いています、武雄まで来ると、波佐見・川棚に出て大村湾を渡り大串（西海市西彼町）に着き、山越えをして雪の浦に帰ったものと思われます。

おそらく、一人旅だったのでしょうが、まだまだ江戸時代の旅行と大差はなかったものと思われます。ただ、前年の明治一〇（一八七七）年に大阪・京都間の鉄道が開通していますから、祥平さんは書いていませんが、その間は鉄道利用をしたのではないでしょうか。

この旅行は、祥平さん旅行中毒になる前の話のようで、二回目まではしばらく間が開きます。

それから、五年後、祥平さんは『渡辺』から『宮原』へと姓が変わります。この『姓』が変わるということは、まだ江戸時代の身分制度の思い出が色濃く残っている明治時代ですからたいへんな事でした。

雪の浦では、「渡辺」といっても、武士なのか農民なのか区別がつかないほどの低い身分の家柄でした。いまどきこんなことを言うと『差別だ』と厳しく糾弾されますが、これは良いも悪いも歴史的事実だったと理解してください。

ともかく、雪の浦では「宮原」は名家だったと言ってもよいでしょう。文久元年（一八六一）につくられた『大村郷村記』には、雪の浦に、「宮原」家が二家記録されています。一つは村大給で八石取りの宮原新左衛門で、あと一人は村小給の宮原寅作、無高でした。

おそらく、宮原新左衛門の系統になるのだと思いますが、明治一六年（一八八三）頃の宮原家の当主を代四郎と言いました。この時、代四郎二七歳、父で隠居していた官右衛門は六四歳でした。官右衛門は、郷村記に書かれた文久元年（一八六一）には四二歳の働き盛りでしたから、記録されていなければなりません。しかし、官右衛門の名前はどこにも書いてなく、「村大給　宮原新左衛門　八石」とだけありますので不審ですが、新左衛門は、官右衛門の間違いか、あるいは先代に当たるのかも知れません。

ともかく、代四郎の代に至って宮原家は、困窮のどん底に突き落とされました。代四郎から祥平への『宮原家家督譲渡定約証書』によると「年来の病身の上極難渋に及び、所有の土地建物も売り払い、一家の生活のめども立ちません。戸籍（士族）に掛る賦課金はもちろん公務も出来かねますので、親戚に集会を願って協議の上私は退隠し、親戚の貴殿に宮原家を相続願います」とあり、単に病弱のためだけであったのかよく分かりませんが、明治維新の激動に取り残された武士の悲哀が読み取れます。とにかく、「代四郎」では、どうにも『宮原』家は立ち行かなくなってしまったのです。

明治一六年（一八八三）の一月のある日、「渡辺祥平」は雪の浦の自宅に突然三人の来客を迎えました。一人は代四郎の代理と名乗る稲毛惣右衛門というかなりの老人で、わざわざ大村からやってきたというのです。

この、三人の来客は、祥平さんにとっては、たいへんな大物でした。江戸の残滓《ざんし》を引きずる明治時代では、家柄とか身分というものが、まだまだ物を言っていました。祥平さんは、明治になって成功者の一人となりましたが、身分は平民でした。

稲毛惣右衛門は、大村藩時代、百石取りの上級藩士でした。また、何よりもあの有名な「大村郷村記」作成では総調役（責任者）として奔走し、その後も、郡《こおり》奉行など藩の要職を務めた人物でした。

あと一人は、宮原良平といって隣村の瀬戸村からやって来ました。良平は、祥平さんより二歳年少でしたが、瀬戸村で小学校の教師をして、たいへん人望が高い人物でした。

良平の家は、もともと学問で身をたてる家柄で、大村城下の大給という中級藩士で十石の扶持をいただいていました――石高は下級武士なみでしたが。良平自身も秀才の誉れが高く、藩校「五教館《ごこうかん》」を優秀な成績で卒業し、二〇歳の時には五教館の寮生（世話掛）祐筆兼徒士に任じられました。江戸の藩邸に勤めたこともあり、松林飯山《まつばやしはんざん》ら勤皇の志士たちとの交友もありました。

明治維新以後、眼を患った良平は、瀬戸村に赴き、療養に専念していました。ところが、良平の高い学識を聞き及んでいた瀬戸の人々の懇願を受け、瀬戸の子弟の教育に身をささげる決心をしました。晩年、良平は失明してしまいますが、良平の徳を慕った人々は、生前に宮原良平の頌徳碑を建てています。（現在西海市役所の裏手、コミュニティセンターの前庭）

最後の一人は、山口与三右衛門といい、雪の浦の住人で、廃藩置県後最初の戸長（後の村長、江戸時代では庄屋にあたる）となった人でした。三人は、祥平さんに、親戚のよしみで、家督を引き継ぎ、宮原代四郎一家の窮状を救ってくれと頼んだのです。

祥平さんは、さすがに感激したのでしょう。快く宮原家の家督を引き受けました。このことは、当然、代四郎に掛った金銭的な負債をすべて解消してやったということですから、いわば、士族「宮原」家の株を買い取ったということになるのでしょう。

このように「養子縁組」という形で家の売買（その家にかかる権利を買う）は、江戸時代にはよく行われていたことで、これにより「平民渡辺祥平」は「士族宮原祥平」となったのです。

「家」の売買とはいえ、外見上はあくまでも「家督相続」ということですから。四二歳の祥平さんが息子で、父親が、一五歳年下である二七歳の代四郎ということになったのです。しかし、代四郎は、祥平に負債を返してもらい、お金も貰ったのですから、「以後、いっさい祥平一家にかかわらない、迷惑をかけない」ことを誓わされました。

宮原家相続の効果は、まず柔術のことで現れました。雪の浦では、領主の富永家を中心に真妙流柔術が伝えられていたことは前にも述べました。創始者で初代師範を「有楽堂　森競蔵」と言い富永家の家臣でした。富永家では競蔵の功績をたたえて、「富」を与えて「富森」と名乗らせました。その後、富永家領の私領庄屋※森家を中心に柔術真妙流は受け継がれてきました。祥平が小姓として仕えた領主富永治部も師範「規外堂《きがいどう》」として村人を鍛えたこともありましたが、治部の死後、森都兵衛が「和楽堂」と名乗って師範を務めました。

※「私領庄屋」とは、江戸時代後期大村藩では藩の直轄地の村々の庄屋制度を廃止し、藩士が「手代」という名で支配した。なお、上級藩士には広い知行地があり五十石以上の村々には「私領庄屋」を置かせていた。

明治一八年（一八八五）に都兵衛が病に倒れ引退した時に、祥平さんは、富岡宗十、樽美代七とともに頭取となり、道場を再建しました。さらに、都兵衛が亡くなると後を継ぎ「寿楽堂」と名乗って師範となりました。これも、祥平さんの腕前のほかに「宮原」という家柄が、周囲に師範という重責を認めさせたのです。

さて、ド田舎の有力者の経歴をくどくど話をしていても退屈でしょうから、そろそろ、祥平さんのとんでもない大旅行記に取り掛かるといたしましょう。

第二回目は明治一九年（一八八六）のことです。これも雪の浦から三月一日に長崎へ帆かけ船で行っています。長崎からは飛脚船「名古屋丸」で神戸に行きました。「名古屋丸」が蒸気船かどうかは分かりませんが、おそらく蒸気船でしょう。

この頃は、まだ東海道本線は全通していませんでしたので、京都から伊勢経由で歩いたものと思われます。はじめの頃の記録は、非常に簡単で地名を書き連ねているだけですから、何処を歩いたのか、どのような交通手段をもちいたのかはっきりしません。例えば、「夜一時に長崎発碇し、神戸・大阪・京都・大津・草津・関・伊勢山田」までの記録は、なるほどと頷けますが、次に「三河の国豊橋、遠江の国二川、白須賀、荒井の関所」ときますので、伊勢湾を船で渡り、東海道を歩いたのかなとも思います。

さらに、祥平さんは、箱根を越えて、小田原に出て、藤沢から鎌倉に行き、親鸞上人ゆかりのお寺参りをして東京に着きました。

この時は、東京から日光まで三十七里十二町廿間を歩き、大宮へ戻ると、大宮の駅から長野に向かいました。初めての長野善光寺参詣だったのでしょうが、何の感慨も記して無く、ただ、東京に戻り、それより東海道を踏んで四月一二日に帰郷したと、何のそっけもなく書いています。

全日程四三日。ともあれ、これはまったくの一人旅でした。

それから四年後、五〇歳、三回目の上京です。明治二三年三月二五日出発。同行者五名。宮原祥平のほか、林立道《りゅうどう》、これは雪の浦村の医者でした。森繁喜、この人は、熊野神社の神官だった人で、後に述べますが雪の浦村を二つに分けた神社・お寺騒動の張本人でした。他に林伴五郎、葛野貞五郎の計五名で、村の有力者たちだったようです。

この明治二三年は国会開設の記念すべき年で、五名は同心・同腹の誓いをたてて、国会見物と伊勢神宮六十一年回り御蔭参り、東西両本願寺の参詣を目的として出発したのでした。

この時も、まず雪の浦から帆船で長崎に行きました。順風に恵まれて午後三時には長崎に着き、夕食後、九時に商船会社の雷電丸に乗船し、深夜一二時に長崎を出帆しました。雷電丸は、博多・下関に立ち寄った後、瀬戸内海各地を寄港しながら神戸で上陸しました。神戸・大阪・京都へは、鉄道を使ったものと思います。神戸―大阪間は、明治七（一八七四）年には開通し、京都駅も明治一〇（一八七七）年には開業していました。

祥平さんが記した地名（おそらく駅名）も神戸・三の宮・住吉・西宮・神崎・大阪と明治七年に開業した駅名だけが記されています。

さて、祥平さんたちは、京都から伊勢までは歩き、伊勢湾を越え熱田に渡って、名古屋から東京へは汽車に乗ったようです。

この頃から、祥平さんの地名羅列癖は、汽車の旅とともに高まっていったようで、名調子で続きます。参考までに当時の東海道線にはどのような駅があったのか、聞いてみましょう。

「名古屋・大高・大府・刈谷・岡崎・蒲郡・御油・豊橋・鷲津・舞阪・浜松・天竜川・中泉・袋井・掛川・堀の内・大井川、七百廿間の大橋、島田・藤枝・焼津、安倍川大橋、駿河静岡・江尻・魚津、右美保の松原、左は清見寺、東海道の名高き風景、岩淵、三国一富士山麓、富士川・鈴川・沼津・佐野・御殿場・小山相州箱根・山並・国府津・大磯・平塚・藤沢・大舟・戸塚・程（保土）ヶ谷・横浜・神奈川・鶴見・川崎・河原・羽田村・大森・鈴が森・品川・東京」、ようやく上がりとなりました。

ところがところが、休む間もなく、さらに、東京上野から、長野善光寺へ足を延ばしています。なお、横川・軽井沢間は、名だたる碓井峠が立ちはだかり、この頃は難工事の最中でした。祥平さんの記録では、そこの辺りを「安中・横川・松井田・坂本・臼井峠ニカカル。嶮岨ヲ越へ軽井沢・沓掛ケ・此間浅間山小諸口」と地名を羅列して汽車に乗ったかどうかは分かりません。恐らく横川・軽井沢間は馬車鉄道に乗ったのではないでしょうか。

祥平さんという人物は、あまり文学的ではなく即物的で、記録も、風物を鑑賞するという態度ではありませんので、読み取る方の想像力をかなり必要とします。

ともかく、長野・東京は主に鉄道を使って往復し、四月二六日帰郷しました。全日程三三日でした。国会見物も、目的の一つでありましたが、東京では、国会のコの字も無く、ただひたすら地名を書き連ねています。

なお、横川・軽井沢間が開通し、信越本線、東京・直江津（上越市）が全通したのは、祥平さんたちが碓氷峠越えをした三年後の明治二六年（一八九三）のことでした。

明治二七年（一八九四）には息子たちと太宰府への小旅行をしています。往復一〇日間で、府中（久留米）を回り、武雄・波佐見・川棚を通っています。

なお、この頃の九州の鉄道事情は、明治二二年（一八八九）に博多・久留米間が開通し、二四年（一八九一）には佐賀・鳥栖間が開通しましたので、その辺りは、しっかりと汽車に乗ったことでしょう。

三　祥平さんの旅、いよいよ佳境にはいる

明治三〇年（一八九七）には四回目の大旅行で、妻のセイさん以下女性を中心に七名の旅でした。この頃、長崎への鉄道が着々と敷設されていました。しかし、まだこれには間に合わず、祥平さんたちは、雪の浦から大串村まで山越えをして、大村湾を渡って行こうというのです。

繰り返すようですが、祥平さんの旅で凄いのは、雪の浦という辺陬の地から行ったということです。とにかく今でもそうですが、西彼杵半島の西海岸から日本の中央部に出ることはたいへんです。

この時も男子二名、女子五名の一行七名は、旧暦の二月一二日、晴天のなかに雪の浦を出発しましたが、大村湾側の大串村までの山越えの間に嵐となり、対岸への船を求めて、さらに西彼杵半島の北端、現在西海橋が架かっている伊の浦まで歩きました。そこでようやく船に乗り、嵐を避けながら宮村に着きました。そこで一泊し、翌一四日朝五時に武雄に向って歩き始めましたが相変わらずの雨天で、難渋のスエ、午後六時にようやく武雄に着くことができました。

それから、汽車で門司港まで行き、門司港から山城丸で瀬戸内海を航海し、各地に寄港しながら神戸に着いています。

その後の旅は順調で、七年前の伊勢行き（明治二三年の第三回大旅行）の時は歩いたようですが、今度は、しっかりと汽車を利用したことがわかります。

例によって、草津から伊勢山田までの停車した駅名を並べてみると次のようになります。「草津・石部・三雲・貴生川・源ツ（よく分らない、ここに当たる駅は深川になるのだが）・大原・柘植（ここで乗換えている）・関・亀山・下庄・一身田・津・阿漕・高茶屋・六軒・松阪・相可・山田」で、一行は、二月一八日の午前八時に京都の宿屋（九州詰所）を出発し、清水寺を参詣後、渋谷越えで山科に出て、本願寺の両別院参詣、さらに三井寺・石山寺をまわり、大津駅に着くと、午前一一時に発車した。恐るべき健脚ぶりではないでしょうか。こうして伊勢山田に着いたのが午後六時でした。

帰りも同じ経路で大津まで戻り、ここから凄いのは、当時話題の琵琶湖疏水の船に乗って京都に戻ったことでしょう。二〇日の午前八時に伊勢山田を出発してから、疏水経由で午後四時に京都三条に戻ってきています。

祥平さんたち女性中心の一行は、こうして二月二二日に、京都から大阪まで戻り、帰りも瀬戸内海は、船旅でした。門司港からは鉄道で武雄まで戻って一泊し、さらに、宮村（佐世保市宮村）にも泊まり、二八日の午前九時頃、佐世保港から、肥前丸という渡海船に乗って、一二時頃瀬戸港に着きました。ここで暫く休息して、さらに雪の浦まで歩き、午後三時、目出度く帰宅しました。一八日間の旅行でした。

なお、この旅行では奥さんのセイさんも同行したと書いていますが、安政五年（一八五八）一九歳の時に結婚した相手はキヨさんです。筆まめな祥平さんは、自分一代のうちに亡くなった父母や子供たち家族の亡年、戒名などをきちんとこの「宮原祥平履歴書」の中に書き残していますが、ただ一つ、

明治32年東京で撮った宮原祥平

妻については何も書いていません。これは何を意味するのか分りませんが、うがって考えるとキヨさんとは離婚したのかも知れません。又、セイさんは祥平さんの死後も生きていたということかも知れません。ともかく、祥平さんが大旅行に連れていったのは、キヨさんではなく、セイさんでした。

さて、ここまでくると、祥平さんは、いよいよ旅の虫に取りつかれたようです。

第五回目の大旅行は、明治三二年（一八九九）三月一四日から五月一日までの四八日間でした。

祥平さんは、五九歳になっていました。これまで上京するたびに、東京・京都・大阪が近くなるのを感じていました。これまで、一生に一度できるかと思っていた伊勢参りも京都の御本山詣でも、さらに東京までも、文明開化のお蔭で気楽に行けるようになりました。

それだけに、祥平さんは、親鸞上人の御旧跡を巡ってみたいという思いが強くなりました。「話に聞いていただけだった長野の善光寺さんにも、もう二度も行くことができた。どんどん交通が便利になってきたので、夢のまた夢と思っていた越後や常陸の国への巡礼も出来るかも知れない。ぜひ行ってみたいものだ」と、祥平さんは強く思うようになりました。

祥平さんは、非常に熱心な真宗門徒でした。日本各地に鉄道が敷設され交通が便利になっていくにつれて、今まで行くこともできなかった聖人の旧跡を巡ってみたいという、祥平さんの旅心が強く刺激されました。

さて、ここで閑話休題。雪の浦地方と浄土真宗、または、大村藩と仏教について、簡単に触れてみましょう。いや、この問題は『簡単』というには、非常に重い、複雑な内容を含んでいますが、あえて、簡単に問題提起、という意味にでも触れておきましょう。

「雪の浦・大村藩」と書いたのは、つまり、雪の浦は、江戸時代、大村藩領内であり、そこでの宗教事情は、大村藩全体のものと同じであるからです。

そうして、大村藩領での特殊な宗教問題は、永禄六年（一五六三）の領主大村純忠のキリスト教入信から始まりました。日本で最初のキリシタン大名となった大村純忠は、領民にキリスト教を強制し、やがて、大村湾を取り囲む彼杵地方、つまり大村領の人々は、全てキリスト教徒になってしまいました。

しかし、それも束の間、江戸時代に入ると、徳川幕府によるキリスト教の大弾圧が行われ、多くの領民が殉教したり、棄教したりして、大村藩領※からはキリシタンは一掃されてしまいました。

※江戸時代から「藩制」が行われるようになった。

こうして、大村藩内では、一時、無宗教状態となってしまいました。これを憂えた藩主喜前《よしあき》は、親友加藤清正の薦めで入信した法華宗（日蓮宗）を領内に積極的に奨励しました。しかし、日蓮宗など仏教の教えは、なかなか藩内には広がりませんでした。その後、長崎奉行の勧告もあり法華宗以外の宗派（大村藩では天台宗、真言宗、法華宗、浄土宗、一向宗だけを認めた）の布教を許可したため、中でも一向宗が急激に増えるようになりました。その理由は分りませんが、一向宗（明治になって真宗と改称したので、これからは『真宗』と言います）とキリスト教とは、教えの雰囲気に似通うところがあると言います。

こうして、家臣である武士たちと城下に近い大村湾を囲む村々では法華（日蓮）宗が、城下から離れた、特に外海地方では真宗が広まりました。祥平さんの住む雪の浦村は、外海地方に属しますので、領主（知行主）の富永家を除いては、村人みんな熱心な真宗門徒となりました。

ところで、真宗は、本願寺派（西本願寺）、大谷派（東本願寺）、仏光寺派、高田派などいくつかの宗派に分かれています。大村藩では、はじめ本願寺派の寺院だけを認めていましたが、江戸時代の中頃の元禄時代にどういう理由か分りませんが、大谷派に変わり、それに従わない真宗寺院の僧侶を罰しました。以来、雪の浦の真光寺も大谷派に属しています。

しかし、雪の浦の人々には東とか西とかを区別する意識はあまりないようで、ともかく、今でも熱心な真宗門徒として毎日を過ごしています。

ところが、明治二四（一八九一）、祥平さん第五回目大旅行の八年前のことですが、村を二分する騒

雪の浦 熊野神社鳥居

ぎが起りました。それは、村の鎮守様熊野神社をめぐる騒動でした。江戸時代は、雪の浦村の鎮守様は「三社権現」と言い、宮守は真言宗の僧侶が受け持っていました。明治時代になり、神仏分離ということで、『熊野神社』にかわり、宮守ではなく宮司というようになりました。その宮司さんは、宮守から引き継いでいた人かどうかは分りませんが、明治も中頃になって、突然、宮司さんの排斥運動が起りました。

この騒動について祥平さんは、『宮原祥平前忠履歴』のなかに、「真光寺転派原由左記之通」として記しています。しかし、森繁喜という神官を排斥する本村《ほんそん》、小松、川通《ごうつう》(河通)、木場、上ノ瀬の各郷とそれに不同意の奥浦、幸物《こうぶつ》郷とに分かれて対立していることは分りますが、その理由については、祥平さんが縷縷書いているにしては、今ひとつはっきりしません。ともかく、雪の浦村は真っ二つに分かれてしまいました。祥平さんもどのようないきさつで多数派に反対したのか、はっきりしませんが、森神官擁護の立場になりました。森繁喜さんとともに伊勢参りや東京・長野へ旅行した心を許す親友であったからかも知れません。

熊野神社をめぐる騒ぎが何時の間にか、お寺までも捲き込んでしまいました。村内の争いが、村の団結のシンボルでもあったお寺の分裂にまで及んだことは、この頃、よくあったようで、同じ長崎県内ですが、小ケ倉村（現在長崎市小ヶ倉）でも、小さな村に二つもお寺を建ててしまうという珍事が起りました。

小ケ倉村の争いは、雪の浦のような「神官が気に食わない」というものではなく、原因はもっとたわいも無く滑稽なものでした。それは、長崎地方で今でもフィーバーしている村内のペーロン競漕の勝敗を巡るものでした。この中国から伝わったボートレースに、その時立ちあった訳ではありませんし、もう伝説的な話になっておりますので、話の正確さについては責任を持ちませんが、ともかくこのとき、海にあまり親しみのない農業中心の集落「上揚郷《かみあげ》」が優勝してしまいました。これにたいして、腕自慢の漁師で固めていた他の集落の人々が納得しません。結局、このことがもとで、小ケ倉村では、多数派の村人が建てた了願寺と、上揚郷の人々のための極楽寺と二つの真宗寺院が建つことになったのです。これは、雪の浦村での騒動より少し遅れた明治三二、三年頃の話です。

雪の浦村では、村の鎮守の祭事の仕方か、あるいは、神官の人柄であったのかわ分りませんが、神さまの問題が、仏さまの問題へとすりかわってしまいました。こうして、奥浦、幸物郷では、村の檀那寺であった真光寺から離れ、別に自分たちのお寺を建てることになりました。

肝心の騒動の発端となった熊野神社の方はどうなったのでしょうか。これもよくわかりませんが、各郷には、それぞれの集落の鎮守があり、奥浦にも廣瀬神社がありますから、結局は、お祭りやお寺参りなどはもう共にすることはなくなったのでしょう。

ところが、お寺の問題は、別に新しく自分たちの寺を建てることにまで進んでしまいました。明治二五年に長崎市内の本願寺派の寺院西勝寺《さいしょうじ》から、お坊さんを招き、西勝寺説教所（後に西雄寺《さいゆうじ》となる）を設立し、祥平さんは、その門徒総代に選ばれました。

祥平さんは思いもかけず、熱心な真宗大谷派の門徒から、雪浦の一部の人々とともに本願寺派の門徒にかわりました。しかし、祥平さんの意識の中には、お西もお東もなく、真宗は一つ、開祖親鸞聖人を崇める気持ちだけがあったのではないでしょうか。

さて、話をもとにもどして、明治三二年に祥平さんが、親鸞上人御旧跡順拝の旅に出ることを発表すると、同行したいという人々が次々に出てきました。旅行好きは、昔も今も女性に多いようで、親友の小佐々瀬平さんのほかは、四人の女性が申し込み六人となりました。あの、村を捲き込む神社やお寺の騒動から七年も経ち、村人たちのしこりも薄れてしまっていたのでしょう。

三月一四日、一行は、前回と同じように山越えをして大串村（西海市西彼町大串）に着き、ここから船で大村湾を渡りました。お天気に恵まれたのでしょう。今回は順調でした。宮村南風崎《はえのさき》駅（現在は、ハウステンボス駅と改名されている）から汽車に乗って、武雄に着きました。旅館に着いてみると三名の村人が待っていて同行したいと申し出てきました。結局、男性三名、女性六名の九名となって、翌日午前六時の二番列車で武雄を出発しました。

この日は、太宰府参詣、博多見物後、箱崎に泊まりました。三日目は、箱崎を午前一〇時四〇分に発車して門司港駅に着き、休息の後、港から明石丸に乗船し、午後四時、神戸へ向けて出帆しました。

神戸に着いた後は、神戸・大阪に汽車で廻り、それぞれ一泊し、名所見物に時間を費やしました。大阪から京都にも汽車で行き、西六条油小路御所前通り南ニ入惣会所前京屋亀太郎方に止宿しました。京都では東西の本願寺参詣後、汽車に乗って、山科の堂照寺、三井寺、石山寺などの古寺をまわり、伊勢に向かいました。

伊勢では、内宮・外宮を参拝し、古市山田の市中などを遊覧して大崎九右衛門方に泊まりました。ここから勝利丸に乗船して伊勢湾を渡り熱田に着き宿泊しました。翌日、熱田神宮参拝、名古屋遊覧を済ませ、名古屋の本願寺参詣後、ここでさらに旅を続けるものと、京都から帰郷するものとに分かれました。

もちろん、祥平さんは、旅を続ける方で、小佐々瀬平さんと村田カトさんが同行することになりました。名古屋からは汽車で、浜松に途中下車し、普法山善正寺、松江山芳蘚寺を参詣しました。浜松に一泊後、さらに東へ向かい、掛川、藤枝に途中下車し、まだ御殿場経由であった東海道線をひたすら走り、出発から一二日目の三月二六日午後四時三〇分に東京新橋駅に着きました。

東京では、最初芝区（港区）神谷町の橋口氏宅に厄介になり、増上寺や浅草観音寺、築地の本願寺などを参詣してまわりました、二八日には、京橋区（中央区）に滞在していた郷土選出の衆議院議員富永隼《はや》太《た》代議士と面会し、その後、馬車で東京見物をしています。祥平さんは、隼太代議士が「鷲之助」と呼んでいた幼い頃、お傅役を勤めていたので、自由民権運動の闘士として自由党からたびたび当選していた隼太代議士を誇らしく思っていたのでしょう。ただ、不思議なことに旧知の富永隼太についてこれ以外には触れていません。

さて、その夜からは、牛込区（新宿区）の森竜太郎氏（後に雪の浦村村長になる）の下宿に世話になり、連日東京市内や古寺旧跡をくまなく廻り、四日間を東京滞在に費やしました。

三〇日の朝、九時に上野駅を発車して長野善光寺へと向かいました。今度の碓井峠越えは汽車で通過しました。長野駅に着くと善光寺門前の宿に泊まりました。長野駅到着時間は、残念ながら記録がありません。翌三一日午前六時に善光寺を参詣し、その足で上野村の清水與兵衛さんの家に向かいました。祥平さんは戸隠山の麓と書いていますが、長野からほど近い若槻村上野（現在は長野市）で、與兵衛さんの家には、親鸞聖人ゆかりの清水や桂の木があり、真宗門徒の間ではたいへん有名でした。三人は、それを参観して感動しています。

翌四月二日には長野に戻り、これから祥平さんは、小佐々瀬平さんと村田カトさんたちとは、別行動することになりました。二人は、ここで旅を打ち切り、東京経由で故郷雪の浦に戻ることにしていました。いよいよ、これから祥平さん得意の一人旅となるのです。

目指すところは越後国新潟県の親鸞聖人の御旧跡です。よほど朝早く宿を発ったのでしょう。二人と別れた祥平さんは、午前六時二四分長野駅を発車しました。三時間の汽車の旅で午前九時半過ぎに、新潟県中頸城郡新井町に着きました。新井には、真宗大谷派別院の新井御坊があります。御坊を参詣すると、今度は三里の道を歩いて高田町（上越市高田）の大谷派御別院を参詣しました。

その後、高田町内の瑞泉寺、浄興寺、性宗寺と聖人ゆかりの寺を巡り参詣後、午後五時高田駅前の旅館遊月楼に投宿しました。あいにくなことに、その夜、午前一時頃からの火事騒ぎでまんじりともできませんでした。

しかし、そのくらいのことでへこたれる祥平さんではありません。火事のため眠れぬ夜が明けた四月三日から、越後の国に残る親鸞聖人配流の御旧跡を参詣して廻っていくのです。

まず、春日村（現在上越市）を通り、五智国分寺（上越市直江津）に行きました。この地が今回の大旅行最大の目的地で、親鸞聖人越後配流の旧跡地です。

祥平さんは、珍しく興奮気味に書いていますが、ともかく、聖人五ヶ年間謫居《たくきょ》の地国分寺や、本願寺別院、光源寺、敬覚寺などを廻り、聖人上陸の居多ケ浜居多神社を参拝し、新潟車道停車場で汽車に乗りました。

今回、祥平さんが越後巡りを決意したのは、直江津から新潟までの鉄道建設が進捗中であったからで、明治三一年までに信越本線は、春日新田（直江津の東隣の駅）から沼垂《ぬったり》（信濃川東岸、現在の新潟駅）までが開通し、直江津・春日新田間を残すだけとなっていました。「新潟車道停車場」と祥平さんが書いているのは、春日新田駅が新潟方面への始発駅であったからで、祥平さんが訪れた年（明治三一年）

の秋、九月五日にこの間が開通し、信越本線は全通したのでした。

さて、新潟車道停車場（春日新田駅）で乗車した祥平さんは、柿崎村で途中下車して浄善寺を参詣し、さらに、汽車に乗り継いで鉢崎（米山）、柏崎、北條、塚山、来迎寺、宮内、長岡、見附、帯織の各駅を通過して、三条で下車しました。三条には本願寺別院があり、ここを参詣すると三条御坊小路角の旅宿川口屋に泊まりました。

翌三日朝、川口屋を出発すると、仏光寺派の別院安楽寺を参詣、大谷派本願寺別院、本派別院などを参詣すると、一の木戸駅（現在、東三条駅）で乗車し、加茂駅で下車しました。ここから三里の道を歩いて田上村の西養寺に着きました。これから、いよいよ親鸞聖人越後七不思議巡礼の旅です。

「越後七不思議」とは、幾通りもの伝説がありますが、ともかく、祥平さんの巡礼に従って進んでみましょう。まず、祥平さんは「繋《つな》ぎ榧《かや》」の七不思議御縁地から巡礼を始めました。ところで祥平さんは「西養寺」と書いていますが、現在は「了玄寺の繋ぎ榧」となっています。ともかく、その日は、さらに二里半を歩いて新津町（現在新津市）柄目木の柄目木屋で一泊しました。

四月五日、まず柄目木《からめき》の七不思議「臭水」を拝観しました。祥平さんは「御内仏参拝して右火の因縁、及び石油吹き出しの油壷拝見。是すなわち越後七不思議の第二番御旧跡なり」と書いています。

さて、ここから二里ほど歩くと阿賀野川です。長さ百八拾間の大橋が架かり、渡ると北蒲原郡小島村（現在阿賀野市）になります。小島の梅護寺には「八房の梅」と「数珠掛け桜」があります。祥平さんはここを七不思議の三番目（と四番目）として参拝すると、今度は、阿賀野川の上流方向へ二里歩き、

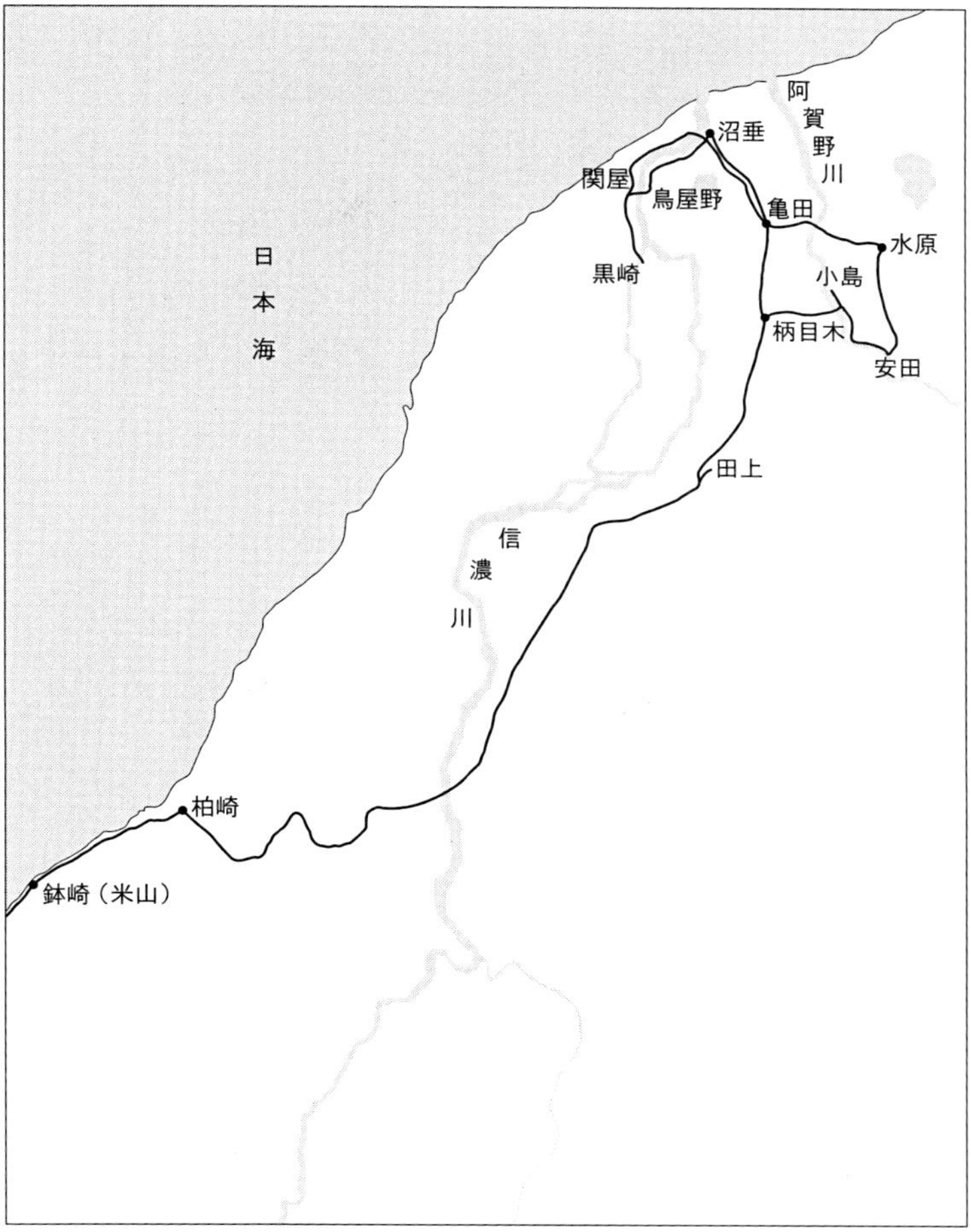

宮原祥平さんの足跡図（新潟）

安田村（現在阿賀野市保田）の「三度栗の旧跡」を参拝します。ここから道を折れ曲がるように引き返し二里を歩いて水原村（現在水原市）に投宿しました。

明治三二年四月七日、と祥平さんは書いていますが、これでは前日五日と合いません。おそらく、高田・三条間は二日掛かり、前日は四月六日であったのでしょう。ともかく、七日、午前八時、旅宿水原村本間八作方を出発し、門主さまお立ち寄りの旧跡泉屋佐藤伊左衛門方へ行き、さらに水原村の古寺無為信寺、善照寺を参詣し、亀田村（現在　亀田市）まで三里を歩きました。亀田からは四銭出して川舟に乗り、信濃川河口南岸の沼垂（現在新潟駅付近）に着きました。ここから万代橋を渡り、日和山に行き、その眺めに感動し、その夜は、西堀通りの旅館に泊まりました。

四月八日、まず、新潟市内の寺院巡りをし、その後、平島村（現在新潟市関屋、当時関屋放水路は出来ていなかった）まで一里を歩き、鈴木新十郎方で有名な「川越の御名号」と「聖人の木像」を拝見し、さらに一里を歩いて山田の渡し（新潟市黒崎）で一銭の渡し賃を払って田代家に行きました。ここが七不思議の一つ「焼鮒の御旧跡」で、拝礼の後、渡し舟で戻りました。往還に戻ったところで、再び一銭の渡しで対岸の鳥屋野（現在新潟市鳥屋野）に渡り「逆竹の御旧跡」の西方寺を参拝しました。

以上で親鸞聖人の越後七不思議の巡拝は終り、沼垂の宿屋に入ったのが八日の午後五時半でした。

四月九日には、午前六時に新潟沼垂駅を出発し、春日新田駅で乗換え、直江津駅まで歩き、再び汽車に乗り、長野に戻ったのが午後四時でした。長野善光寺での宿はこれまで通りの善光寺門前の中村屋でした。翌日からは、親鸞聖人御旧跡地の常陸国巡りが始まります。

四月一〇日、祥平さんは、午前六時三〇分、長野駅を出発しました。汽車は新しく開通した碓氷峠を越えて、高崎駅まで来ました。ここで乗りかえて両毛鉄道です。九州地方の人で、この時代の両毛鉄道に乗ったのは珍しいと思います。祥平さんは、ここでもこの間の駅を次々に記録しています。現在との違いはどうでしょうか。

高崎からは、まず、前橋です。そこから、駒形、伊勢崎、国貞（国定）、大間々、キリウ（桐生）、タマダ（小俣）、山邊（山辺）、足利、富田、佐野、岩船、飜山、トチキ（栃木）、小山、ここで乗りかえます。小金井、石橋、飜ノ宮、宇都宮。宇都宮駅到着が午後七時でした。

さて、今度は日光行きです。祥平さん、いよいよ油に乗ってきたようで物凄い速さで各地を巡っています。

四月一一日、ちょっと信じられない行程ですが、祥平さんの記述に従って旅を続けてみましょう。午前六時三〇分、宇都宮発足とあります。「野沢、徳次郎駅、大沢、今市、初石ノ駅を過ぎ日光越前屋幸次郎宅へ着き、直ちに日光参詣に掛かる。上等志納金通運会社に納め、御仮橋を渡り」と書き、日光巡りをして宇都宮に帰るとあります。野沢、徳次郎、大沢は日光道中（街道）の宿駅で、ここには鉄道は敷かれていなかったはずです。（現在も鉄道は通っていません）

ともかく、一日で宇都宮から徒歩で日光観光をしたように読みとれます。昔の人だったらそのくらいは当然とも思われますが、信じがたいところもあります。祥平さんの記述によると、宇都宮に帰ってから市内の旧跡寺院を参詣し、午後一二時五分に汽車に乗り、鹿沼（鹿沼市）まで行っています。

鹿沼からは、いわゆる日光例幣使《れいへいし》街道を歩くことになります。祥平さんは、鹿沼駅で下車すると南に下り、北押原村（現在鹿沼市奈佐原辺り）を過ぎ、南押原村（現在鹿沼市楡木《にれぎ》）で、日光西街道へと歩き、小山へと向いました。

途中、稲葉の里の親抱きの松を見て感動し、珍しく下手（？）な短歌を書き付けています。せっかくですから、短歌二首を御紹介しましょう。

「したい来る娘が心のまことをば　ときわに残る親抱きの松」

「こころある人に見せばや下野の　稲葉の里の親抱きの松」

ここ稲葉地区には、古くから言い伝えとともに「親抱きの松」と呼ばれる巨樹が立っていったようです。現在、何代目かの植え替えでしょうか、細い松が二本、交差するように立っています。今では、名所でも何でもないようで、案内も無く探すのに苦労するようです。

それはともかく、祥平さんは四月一一日に宇都宮から日光往復して、例幣使街道を南下し、日光西街道の松並木に驚きながら、午後五時に壬生村《みぶ》（現在壬生町）の宿、坂本庄八宅に着きました。

この日の行程については、いろいろ疑問があり信じられません。特に、宇都宮・日光間は鉄道を使ったとしても、午前中に宇都宮に戻り、市内寺院を参詣し、午後五時までに壬生村まで来るのは、一日ではとうてい無理なような気がするのですが……。

さて、祥平さんは、四月一二日、壬生村の宿を出発すると、日光西街道からそれて、百拾間の大橋（小倉川に架かる）を渡り、柳原村（現在栃木市柳原）に出て、惣社村《そうじゃ》（現在惣社町）の室の八島大宮（大神《おおみわ》

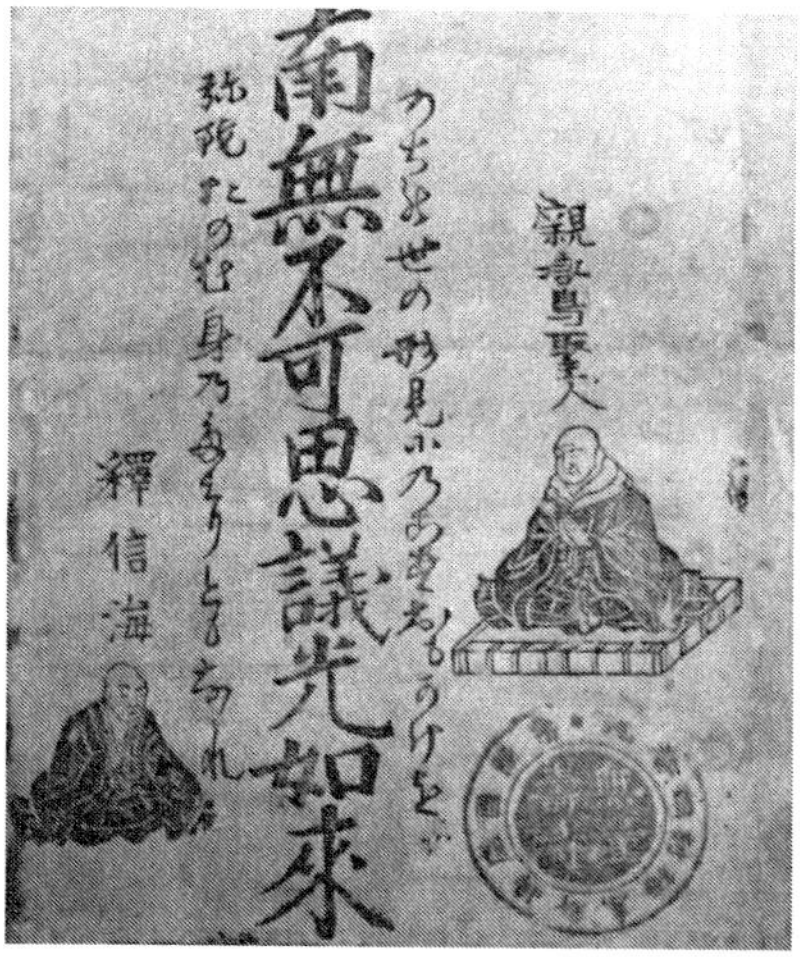

無量寿寺参拝の証印

神社《じんじゃ》）を参詣しました。今では、すっかり寂れてあまり人も訪れない静かな神社ということですが、かつては下野国の一の宮として栄え「室の八島」と呼ばれ、歌枕にもなっていました。江戸時代には、松尾芭蕉も奥の細道紀行の際に立ち寄っています。祥平さんがわざわざ立ち寄ったのは、親鸞聖人が、この神社で百日参籠《さんろう》をしたという由緒があったからでした。

大神神社に参拝し、証印（祥平さんは、どこへ行っても参詣・参拝の後には、必ず証印を押してもらっています。）、直ちに引き返し、一里半を歩いて思《おも》い川《がわ》（小倉川の下流）を渡し船で渡り、花見が岡（現在小山市）の蓮華寺を参詣しました。

ここ花見が岡は、親鸞聖人大蛇退治伝説の地で、お寺の裏手にある大蛇の棲家だった小池と大蛇の骨を埋めたという蛇骨塚を拝見すると、近くの紫雲寺に向いました。このお寺で聖人が大蛇の御済度《ごさいど》をしたというのです。

柴雲寺からは、日光西街道の並木道を歩き、小山駅に向いました。途中、五厘の渡し舟で姿川を渡り、喜沢村（小山市喜沢）の茶店で休息しました。交通の要所小山駅はもうすぐそこです。午後二時三〇分、今度は水戸鉄道で稲田（笠間市稲田）へ向けて発車です。日本鉄道会社水戸線は、明治二二年に小山・水戸間が開通していました。

稲田は、親鸞聖人が坂東（関東地方）布教のために二〇年間、居を構えたところです。祥平さんは、ここ稲田で二泊したのでした。まず、四月一三日、午前八時に稲田の宿を出ると、まず、大覚寺に向いました。茨城県（常陸国）の大覚寺は、加波山近くの山中にあり「親鸞法難の地」として真宗門徒の間ではよく知られていました。

祥平さんは、郷土雪の浦出身で自由党系の代議士富永隼太の応援はしていたようですが、もともと政治にはあまり関心がなかったようです。この旅行の当時、この地方で問題となっていた足尾銅山鉱毒事件や、一五年前の加波山事件などについては、一言も触れていません。祥平さんの目は、ただひたすら親鸞聖人にのみ向けられていたのでしょう。

大覚寺はちょうど新築中でした。祥平さんは、新築中の本堂を拝観した後は、お寺の背後の板敷山に登りました。山上で聖人の命を狙った山伏弁円《べんえん》（後に親鸞に帰依し明法と名乗り、二四輩弟子の一人となった）祈祷の跡を見て「まことに今をさる六百有余年の昔大師の御苦労を思い浮かべ、ただ感慨に耐えない次第、御称名とともに時を移した」と感傷的になっています。

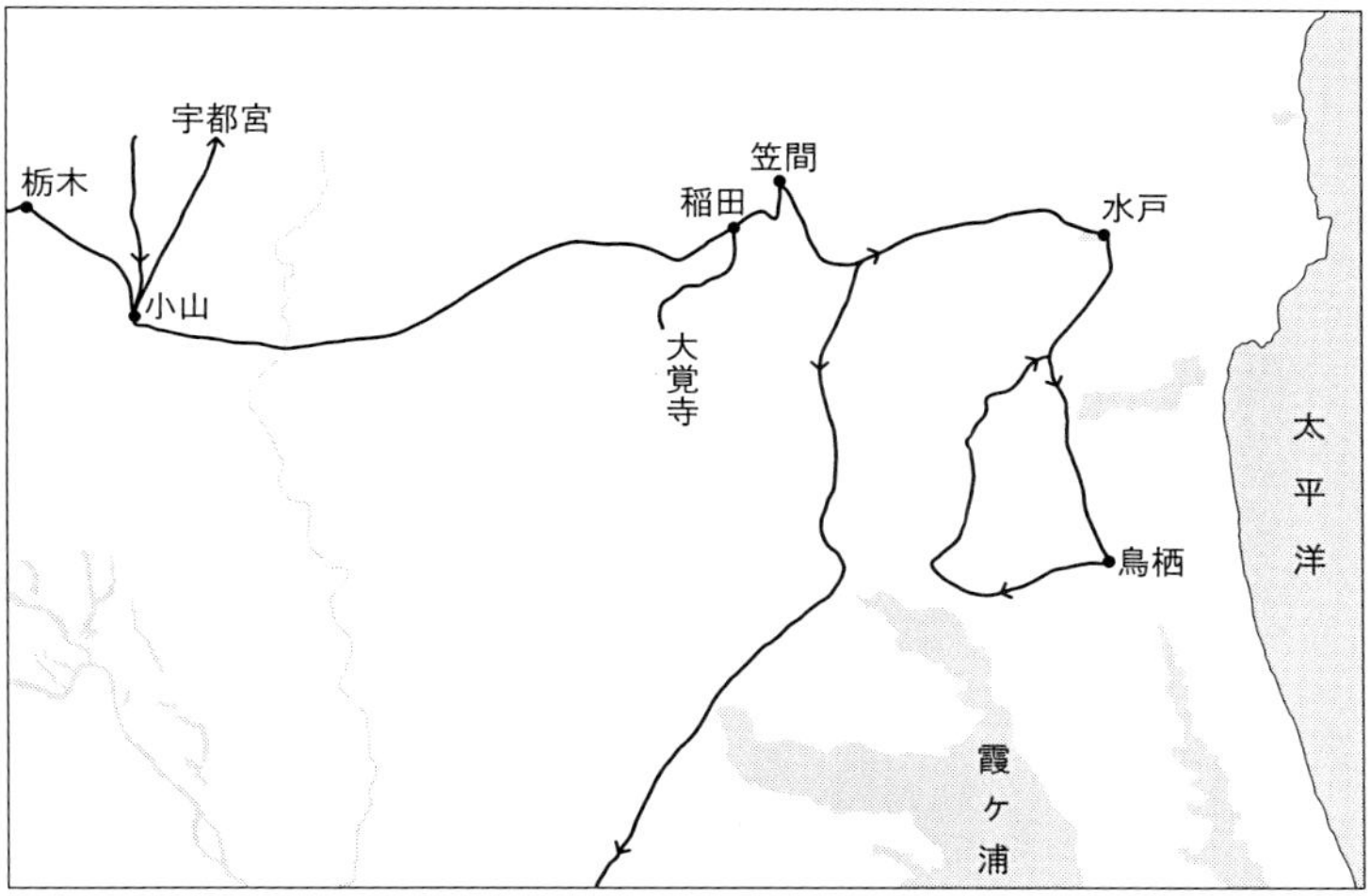

宮原祥平さんの足跡図（茨木）

さて、祥平さんは、大覚寺から稲田にとって帰し、常陸行きの最大の目的地「稲田御坊西念寺」を参詣しました。親鸞聖人は、関東では、この西念寺に最も長く滞留し、ここで真宗布教の書「教行信証」を著しました。

祥平さんは、真宗発祥の地に来て、よほど感慨深かったのでしょう。西念寺参詣後は、鹿島明神寄付の井戸や弁円懺悔《ざんげ》の桜などを見て廻り、親鸞の妻『恵信』の墓玉日廟《たまひびょう》を訪ね、前日の宿稲田の小薬源三郎宅に戻りました。

四月一四日、午前七時五〇分に稲田を出発しました。水戸までは鉄道がありましたが、笠間（笠間市）まで歩くことにしました。笠間では光照寺、宍戸大田村（友部町）では唯信寺に立ち寄り、友部の駅から水戸まで汽車に乗りました。水戸駅には午後二時半に着きました。祥平さんにとっては、まだまだ日が高いようです。水戸城や千波湖に驚きながら、二四輩寺院の信願寺、善重寺を参詣して廻り、午後五時に旅宿町田屋に着きました。

四月一五日は、鉾田《ほこた》(鉾田町)の無量寿寺詣でです。午前七時三〇分に水戸を徒歩で出発しました。二里半で長岡、また二里半でヘビ沢(海老沢)、さらに三里で富田と無量寿寺に着きました。ここは大谷派の無量寿寺です。参詣を済ませると、鳥栖《とりのす》の無量寿寺へ向います。一里半ほどの距離です。こちらは本願寺派の無量寿寺です。どちらも二四輩弟子の順信坊が開基したお寺です。この夜は、鳥栖の無量寿寺に泊ることになりました。

四月一六日、朝早くお寺を出発し、白川村を経て百見ケ原(現在、航空自衛隊の百里基地があるところ)、祥平さん言うところの「三里の大荒野」を越えて橘村与沢(現在小川町)の長島喜八さんの家に着きました。ここで親鸞聖人御真筆の御絵像や腰掛石、女人成仏御経塚などを拝観して、午前九時に水戸に向けて歩き始めました。途中、上野合村・川根村(いずれも現在茨城町)を通り抜け、水戸の宿町田屋に着いたのが、午後五時半でした。

四月一七日は、いよいよ東京へ戻ります。水戸からは三年前の明治二九年に開通した常磐線を通ります。例によって祥平さんは停車駅をいちいち記録していますが、とにかく二二の駅に停車して、午後三時三〇分、東京上野駅に着きました。

上野駅からは徒歩で万世橋を渡り、牛込区(現在新宿区)の金沢氏の家に行きました。この金沢氏宅に同郷の森龍太郎と林幾馬が下宿していました。祥平さんは、そこに世話になって、東京見物をすることにしました。

　翌一八日は、一日静養しているのかと思ったら、新たに松尾勇四郎さんが加わって、四人で一日中東京見物でした。

　一九日は、金沢氏宅から神楽坂を通り、靖国神社を参拝し、九段坂を下り万世橋に出ると、鉄道馬車に乗って新橋駅に行きました。午前一〇時一〇分、新橋駅出発。「一路故郷雪の浦へ」と思ったら、浜松で途中下車し、教覚寺を参詣。その夜は、浜松泊まりでした。

　これから、越前（福井県）へ行くというのです。二〇日、朝五時、浜松の宿を出て、駅に向かい、五時一〇分発車しました。米原で乗換えです。明治二九年に福井まで開通した北陸線に乗るのです。北陸線は、敦賀前後が険しい山中を通るために、巨額の建設費を要したので官営鉄道として敷設されました。また、その後長大トンネルを掘るなどして路線の変更も行われました。

　祥平さんが通った時には、建設されたばかりで、長浜から敦賀までは、柳ケ瀬トンネル経由で、敦賀・今庄間は杉津経由の勾配のきつい路線でした。

　ここでも祥平さんは停車駅を丹念に書き記しています。祥平さんは、米原で乗りかえると、長浜で停車しています。途中、虎姫駅があるはずですが、書いていませんので、通過したのかも知れません。これから、高月、木ノ元、中ノ郷と書き、「これから山路谷間で極難所」、柳ケ瀬「この間にトンネル四ヶ所極難所」と続き、疋田、敦賀に停車し、杉津（途中新保駅があったはずですが、停車しなかったのかも知れません）、トンネル二ヶ所、今庄、大トンネル五ヶ所、鯖波（現在の南条駅）、武生、大土呂、福井と記しています。

福井駅には、午後四時四〇分に着きました。浜松から一二時間三〇分の旅でした。

四月二一日、福井市内では親鸞聖人や蓮如上人の旧跡地七ヶ所を廻り、加賀国（石川県）大聖寺村（現在加賀市）に行きました。そこへの行程については何とも書いていませんので、おそらく鉄道を利用したのでしょう。大聖寺村では彰来寺を参詣し、次いで吉崎御坊まで歩きました。北陸旅行の目的地は、蓮如上人ゆかりの吉崎御坊だったのです。

吉崎御坊では、東西本願寺の御坊を参詣し、有名な肉附きのお面を拝観して、その夜は、御坊下の旅館泊まりでした。

四月二二日、吉崎から二里半の道のりを歩き、細呂木駅に着きました。細呂木から北陸線で米原まで戻り、午後五時に草津に着きました。なお、祥平さんには珍しく細呂木、草津間の汽車賃を五一銭と記録しています。

さて、ここでひとまず、これからも続く旅行のことは暫くさておいて、祥平さんの信仰について考えてみましょう。

宮原祥平が、熱心な真宗信徒であることは、今回の「親鸞聖人の御旧跡を巡る」というとんでもない思い付きをしたことからもよく分ります。しかし、祥平さんの宗教観、仏教というもの、浄土真宗なるものをどのように考え、受け止めているかは、この記録からははっきりしません。

祥平さんは、東本願寺大谷派のお寺もお西の本願寺派のお寺も、また、高田派や仏光寺派のお寺も分け隔てなく参詣して廻っています。とにかく、親鸞聖人ゆかりの地であるならば、三里の道も遠しとせずに歩き抜いています。

祥平さんの目には、ただ親鸞聖人や蓮如上人のお姿だけがあったのでしょう。福井、越前の地は、かつては一向一揆が燃え盛り、加賀の門徒とともに守護大名や戦国大名と果敢に戦い抜きました。また、この地の三門徒派の寺院は、本願寺と対立し、戦ったこともありました。またさらに、福井の真宗門徒は、明治維新の神仏分離令に反対して一揆を起したこともありました。

祥平さんが巡った越後（新潟県）も常陸（茨城県）も、また越前（福井県）も宗教を巡る対立や悲劇が起ったところです。しかし、祥平さんの記録を見ると、そのようなことに思いを馳せたような形跡は全くありません。

祥平さんは、ただひたすら一向宗（真宗）のお寺をせわしなく巡り、親鸞聖人がおこしたと伝えられる奇瑞をよろこび受け入れています。宮原祥平は、えらい学者でも宗教者でもありません。ただの日本のド田舎の爺さんなのです。

日本の辺陬《へんすう》の地「雪の浦」で年を重ね、ただひたすら親鸞をうやまい、信じ、疑うことなく頼り切って生きてきたのです。これは、祥平さんが特殊なのではなく、ほんとうに普通の、当たり前の、平凡な、一般的な日本人の姿であると思います。これこそが、親鸞の言う「弥陀の本願に身をゆだね、信じることこそが、救われる」と考える真宗門徒の姿であるように思われます。

祥平さんが、ただひたすら通ってきた鉄道駅の名前やお寺を書き連ねてばかりいても、不平を言わず、もう少し付き合ってみてください。

四月二三日、午前七時に草津の宿を出発し、国楽寺と善竜寺を参詣した後、琵琶湖を舟で渡り、大津に着きました。大津では近松寺を参詣し、山科に向かい、午後五時半山科の宿に着きました。二四日は、山科別院や蓮如上人の墓などを参詣し、京都に出て、清水寺、親鸞聖人御廟などいろいろ廻り、午後五時半に西六条の宿に着きました。

二五日には、真宗興正寺派の本山、仏光寺派の本山を巡り、東西の両本願寺を参詣しました。

二六日、ようやく帰途につきます。朝早く西六条の宿を出発し、午前一〇時に伏見の船着場に到着します。淀川下りの川舟に乗船し、午後三時に大阪に着きました。中ノ島の宿に着いたのは、午後四時でした。

二七日は、大阪から蒸気船で九州門司へと向います。祥平さんは、出帆までの時間も惜しんで、お寺まわりに精を出し、午後二時半に伊予丸に乗船しました。大阪出帆は午後六時、二八日は瀬戸内海の各港に立ち寄りながら伊予丸は西へ進みます。

門司港に着いたのは、二九日の朝八時でした。門司港駅からは鉄道です。午前九時に発車し、午後三時半に武雄に着きました。おそらく、このまま佐世保までその日のうちに行くことが出来たと思いますが、途中寄り道したい所があったのです。

二九日は、武雄に泊まり、翌三〇日は再び汽車に乗りましたが、すぐに有田で下車して上波佐見村

安楽寺（波佐見町）祥平さんが帰途よく立ち寄った

に向いました。上波佐見村には安楽寺という真宗大谷派のお寺がありました。

　祥平さんが大旅行の帰途、わざわざ波佐見の安楽寺に立ち寄ったのは、参詣のためではないようで、祥平さんの数多くの大旅行の際、何度も波佐見経由の回り道をしています。祥平さんと波佐見の安楽寺との間にはどのような繋がりがあったのかは分りませんが、少なくとも雪の浦の真光寺と安楽寺とは江戸時代から深い縁《ゆかり》で結ばれていました。

　大村藩の「上波佐見村郷村記」を見ると、安楽寺の一二世住職大成は、雪の浦村真光寺の男（子供）と書いてあります。安楽寺と真光寺とは、かねてから養子を取ったり遣ったりしています。真光寺の九世覚音は、安楽寺七世（真光寺の系譜では六世となっている）の泰教の三男でした。これは江戸時代の中頃の話しで、大成は天保三年（一八三二）に飛擔官《ひたんかん》という僧の役職ついていますから、この頃安楽寺に入ったものと思われます。父は真光寺の住職勲能《くんのう》で安永七年（一七七八）に生まれ、文化五年（一八〇八）に本山の飛擔官となり、文化八年（一八一一）三三歳で真光寺の一一世住職となっています。真光寺一二世住職の鎮《ちん》山《ざん》は、天保七年（一八三六）に上京し飛擔官となり、安政二年（一八五五）に父の跡を継いでいます。このように見ると安楽寺の大成《たいせい》が兄で真光寺の鎮山は弟のようです。

なお、兄弟の父勲能は碩学の僧として有名で、九州は言うに及ばす全国各地から向学の士が教えを請いに訪れたという。そのための学問所を「真光寺学寮」と言い、いまも跡が残っています。勲能は、万延元年（一八六〇）に八二歳で亡くなっていますが、祥平さんは天保一一年（一八四〇）生まれですから、勲能の最晩年の頃にでも真光寺で学んだ可能性はあると思います。ひょっとすると、大成か鎮山が祥平さんの師匠であったのかも知れません。

なお、『大瀬戸町史跡探訪』という冊子のなかに、安楽寺一二世（大成）の二男双輪《そうりん》の言葉として「吾体内に、雪浦学寮の血赤し」が紹介されています。

このように、波佐見の安楽寺と雪の浦の真光寺との繋がりは深かったのです。祥平さんは、双輪さんとともに雪浦学寮で学んだのかもしれません。祥平さんの「宮原祥平前忠履歴」には、このあたりのことは、何も書いてはいませんが、彼を育てた学びの場所は、真光寺ではなかったのではないでしょうか。この何も無いド田舎の、決して豊かとは言えない下級武士の子供が、読み書き計算などを学ぶことができたのは、村でただ一つの学び舎《や》真光寺であったからでしょう。

ところで、祥平さんは、雪の浦の神社騒動に捲き込まれて、真光寺を離れ、今では新しく創立した本願寺派の西雄寺の門徒総代となっていますが、このようにさいさい大谷派の安楽寺を訪れているところをみると、祥平さん自身は、真光寺とは決して悪い間柄ではなかったのではないでしょうか。

ともかく、四月三〇日のお昼過ぎに安楽寺に着いた祥平さんは、その夜は尽きぬ話で夜を明かしました。月が変わって五月一日、夜明け前に安楽寺を出発した祥平さんは、百津《ももつ》停車場（現在ＪＲ川棚駅）まで歩き、午前六時五〇分の汽車に乗りました。佐世保に着いたのが、午前八時五分。午前九時に佐世保港から肥前丸で出帆し、午後一二時五分に瀬戸港に着きました。懐かしの故郷、雪の浦に着いたのが午後四時二〇分。瀬戸・雪の浦は徒歩一時間ほどですから、瀬戸で多くの知り合いと土産話に花を咲かせたのでしょう。

こうして四二日間の大旅行は「無事災難一日半時之病モナク目出度郷里ニ帰ル千秋楽」となったのです。

この大旅行の二年後、明治三四年の旅行が六回目の上京で、それから明治四四年までの一〇年間に、あわせて六回の旅行をしています。明治三七年の八回目と明治四四年の一一回目を除いては、全てが瀬戸港から佐世保へ船で渡り、佐世保駅から門司港駅までは汽車、門司港から船で瀬戸内海を通り神戸へという経路を辿っています。

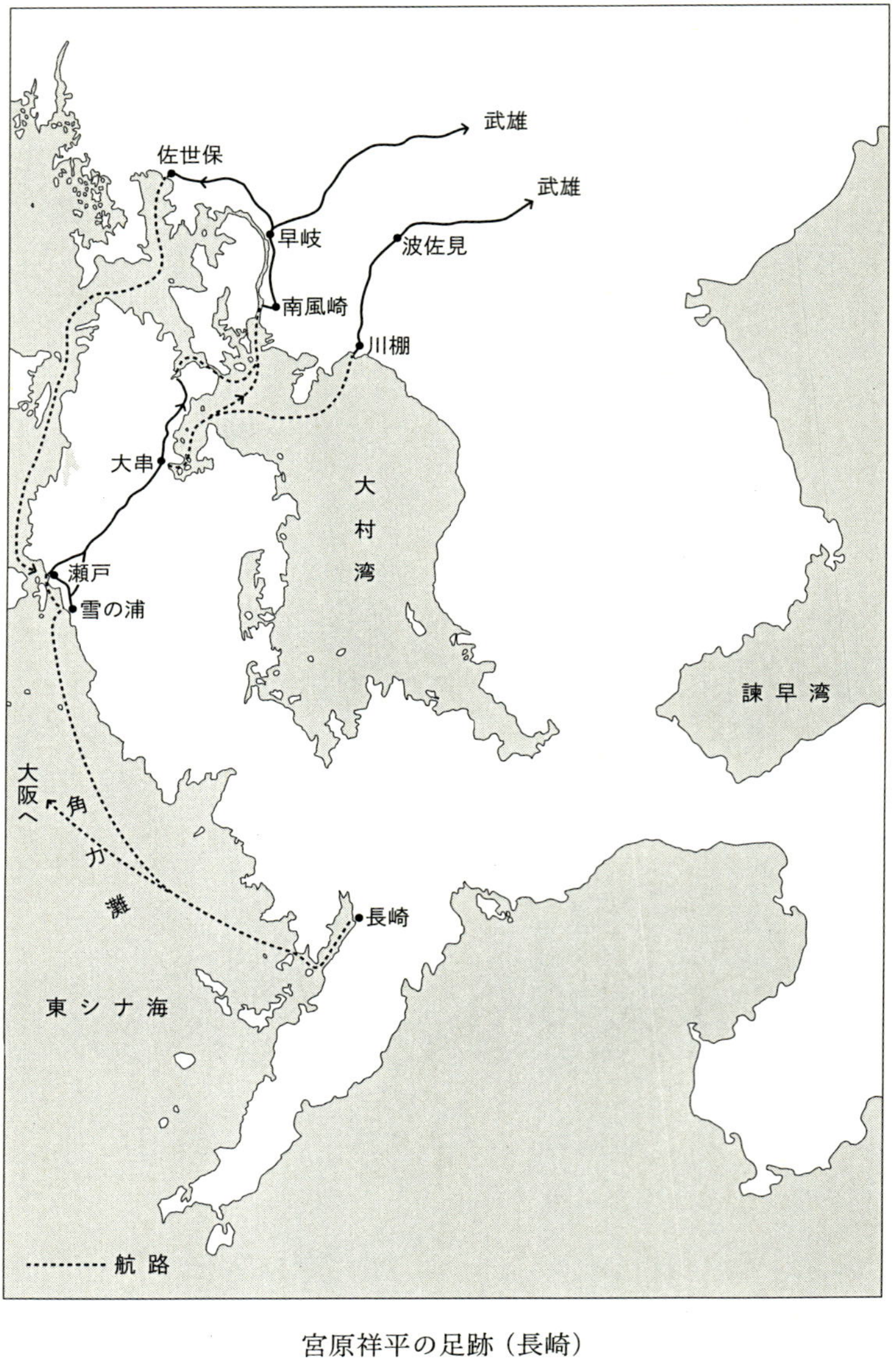

宮原祥平の足跡（長崎）

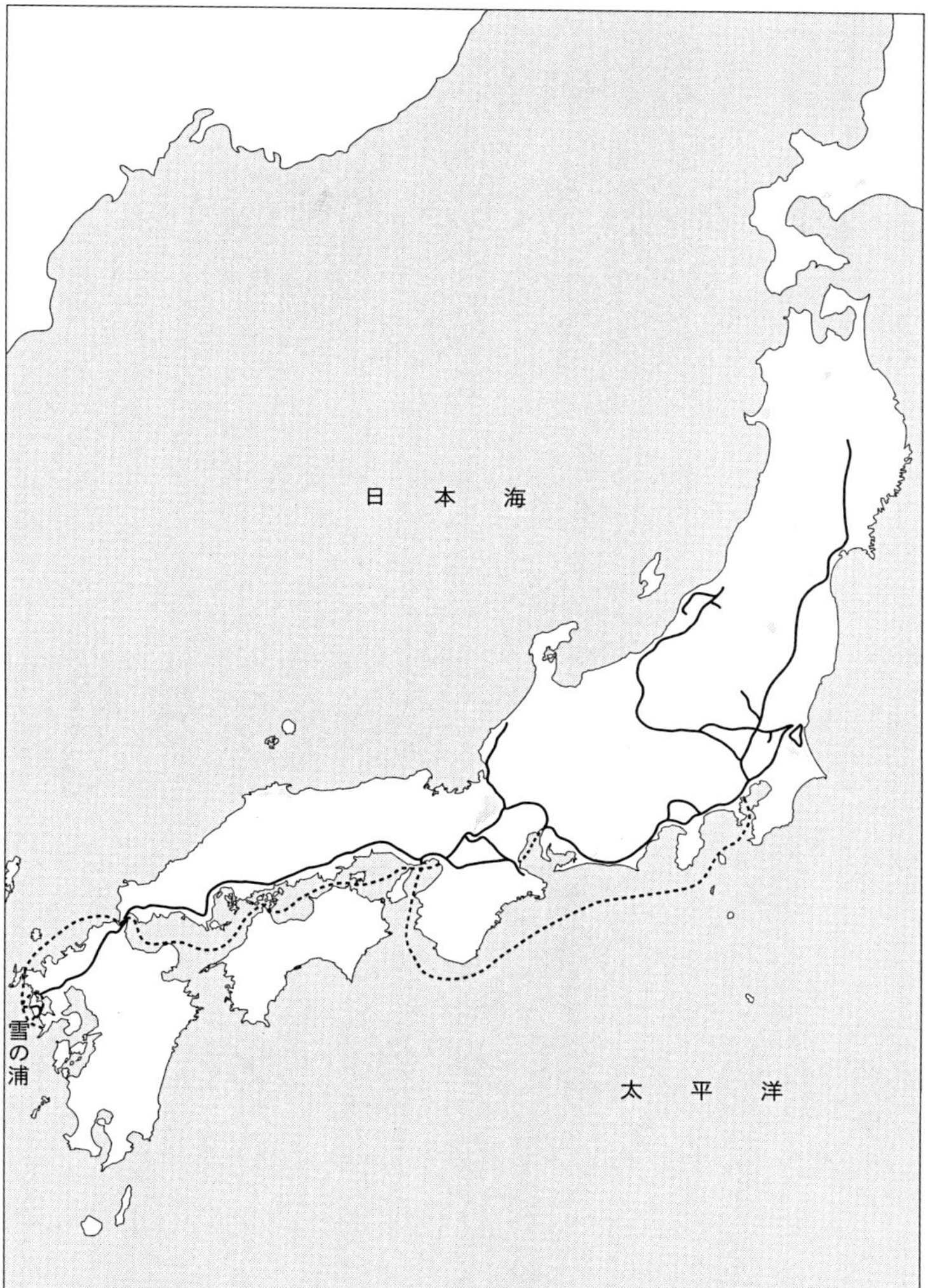

宮原祥平大旅行経路図

変っているのが明治三七年の第八回目の旅行でした。この時にはまず四月一〇日に雪の浦を出発し、瀬戸まで歩き瀬戸から金昇丸という汽船を利用して長崎に行きました。長崎では、結婚式に参列した後、一二日の午後四時、英国船「ダイサンシイ号」に乗って横浜へ出帆しました。

この時の旅行が、最も遠くまで、しかも、これまでと様子が違った内容なのですが、祥平さんは、だんだんと感激が薄くなってきたのか、省略が多くなり、しかも記録間違いも目立っています。

ダイサンシイ号は瀬戸内海を通過し、兵庫の和田岬に着いて検疫を受け、さらに太平洋に出て、一七日正午に横浜沖に着いています。祥平さんは、和田岬に着いたのを一八日と誤記したうえに、途中のことはほとんど書いていません。

僅かに、遠州灘で船泊まりをしたことと、午前九時頃、左側に伊豆の下田を見て、三浦岬を通過したことぐらいしか書いていません。

さすがに世の中は日進月歩。東京では新橋から上野行きの電械汽車（電車のことか）に乗ったことを書いています。四月一八日は午前八時に上野から仙台行きの汽車に乗り、午後六時半に仙台駅に着きました。例によって途中停車の駅名はしっかりと記録していますが、ここでは省略しましょう。

一九日午前中は、仙台市内見物。午後一時に仙台を発車し、盛岡に午後九時過ぎに着いています。折角、最遠の地に来たのですから、じっくりと南部の地を回るのかと思ったら、祥平さんは、二〇日の朝六時には宿を出て、市内見物もそこそこに本誓寺に向かいました。本誓寺では親鸞聖人御自作の木像御真影を拝観し、証印を済ませたら、人力車で盛岡駅に急ぎました。なんと、はるばるみちのくの南部盛岡までやって来たのにもう引き返すというのです。仙台行きの列車は午前八時一五分発、午後三時一五分には仙台に到着しました。

祥平さんのお目当ては松島見物であったようです。さすがに祥平さんの筆にもリキが入っています。紹介しましょう。

「四月二一日、大日本三景松島縦覧に掛かる。午前六時三五分仙台出発。七時三〇分、塩釜の町に着く。塩釜神社参拝済み、仝町中に往古伝来の釜四つあり。此の指渡し六尺法二枚、五尺法二枚、四つともにいずれも水の色替り則大日本に塩之焼初之釜と言伝る宝物にて拝観す」とあり、さらに大阪からの観光客と同船し四名で松島見物に出船します。「大日本三景の其一奥州名高き松島八百八島回覧、出船乗合壱人前六拾五銭づつ、海老屋より昼弁当極々丁寧なる仕出しなり。右松島回覧終日之ケ所一切風景筆端砕難く之を略す」といかにも祥平さんらしい書きぶりです。

翌四月二二日から帰途につきますが、途中日光に寄り、二三日に東京に戻りました。東京からは伊勢までは夜行列車を使っています。二五日の午後五時に東京駅を発車すると、二六日の朝五時には天竜川を通過します。午前九時に名古屋駅に着き、乗換えの切符を買い求めると一〇時四〇分に発車です。伊勢山田駅には午後四時には着きました。

伊勢では、いつものように参宮をすませ、奈良・京都を経由して大阪から、門司まで船で行き、後はいつものコースで五月六日にふるさと雪の浦へ帰っています。

九回目の旅行は明治四〇年、男子三名、女子五名の八名さまの旅でした。ここでは、祥平さんと同行した奥さんの名前が、ナガと変っていることで、ひょっとすると再々婚したのかも知れません。

四月二一日から五月六日までの京都本山参詣の旅でした。この旅から、帰りに門司港から佐世保までは夜行列車を利用しています。

一〇回目目は明治四一年四月です。この時は男女五名、祥平さんは相変わらずですが、同行メンバーは毎回変っています。

この時は、瀬戸村西浜郷の人たち二一名とともに同行する大団体さまになって上京したことが大きな特色です。

瀬戸内海航路は安全で、気楽な旅ができることが、何といっても利点でしたが、時間が掛かる、所要時間が一定しないことが難点でした。九回目の時には、帰路は大阪を出港してから翌日午後三時に門司に着きました。一〇回目は大阪、午後二時出港。門司着が翌々日の午前七時でした。そうして、その夜の一一時三〇分に長崎・佐世保行きの夜行列車が発車したのでした。

まだまだ、ふるさと雪の浦は遠かったのです。

四　終盤、哀愁の夜行列車

明治四四（一九一一）年の一一回目からは、下関へ渡り、山陽線を走って神戸まで汽車に乗っています。山陽線が全通したのが明治三四年ですから、全通一〇年後のことです。まだまだ汽車で一日中揺られるよりも、船で一晩を過ごし、朝、神戸に着くのが楽だったのでしょう。今日でも、マイカーの場合、中国路の高速道路を走り続けるよりも、フェリーで神戸や大阪に行くことを選ぶことと同じようです。

さて、祥平さんの大旅行もいよいよ終盤に差し掛かって参りました。

明治の御世も終わり、大正二（一九一三）年、祥平じいさん七三歳になっていました。これからは、「祥平じいさん」に統一します。さすがの祥平さんも七〇を越えたのですから。かく言う私も、今だに若いつもりでおりますが、他人から見ると七五（平成二三年時）のじいさんには間違いありません。

祥平じいさん一二回目の大旅行は、息子縣《あがた》を伴っての二人旅です。

大正二年八月六日、雪の浦を出発した二人は、午前一一時瀬戸港に着き、午後一二時三〇分、瀬戸港出帆、午後四時に佐世保港に着きました。直ちに佐世保駅に向かい、新潟までの切符を買って汽車に乗り込みました。午後七時には門司湊駅に着きました。昔に比べると夢のような速さです。佐世保・門司湊間三時間、ちょっと速すぎるような気もしますが、特急列車だったのでしょう。二人は、関門海峡を連絡船で下関に渡り、今度は下関発の夜行列車に乗り込みました。

八月七日、午前九時。神戸に着きました。その日は、一日神戸見物で、神戸に一泊しました。翌八月八日、午前八時に神戸三の宮駅を発車して、午前一一時過ぎに京都に着きました。一〇日まで東本願寺前の九州詰所に泊まり、東西本願寺をはじめ山科別院や石山寺などの寺院を参詣し、一一日の午前八時に新潟向け京都駅を発車しました。

新潟に着いたのが一二日の午前九時でした。新潟での目的は、親鸞聖人越後七不思議の参詣です。祥平さんは、愛息子の縣にどうしても見せてあげたかったのでしょう。一二、一三日と七不思議のうち四ヶ所を廻り、一三日には長野善光寺に着きました。

善光寺参りを済ませると、その日の午後一一時五分の夜行列車に乗り、東京に向いました。東京には、一五日午前九時に上野駅に到着しました。その日は、一日東京見物。翌一六日は、日光までの往復です。往復切符を買っての日帰り旅行です。

さて、一七日は、また東京見物。上野公園、動物園、浅草観音寺と、二人は思いっきり東京を楽しんだようです。一八日は、大正天皇が日光御参詣というので、二重橋前の大広場に行き拝んだ後に、泉岳寺や銀座を廻り、小石川の宿に戻りました。

一九日には、帰路についたのですが、神奈川駅で下車した時に、縣が汽車の中に手荷物を忘れたことに気付き、慌てて駅に戻り、三時間ほど待って、ようやく引き取り、その日は、神奈川青木町で泊ることにしました。

二〇日は、午前七時五〇分に神奈川駅を出発し、東海道線御殿場駅で下車しました。ここから富士山麓の浅間《せんげん》神社まで往復して参詣を済ませ、再び東海道線を西に向いました。名古屋駅に着いたのが午後九時、駅前の旅館に泊ることにしました。二一日は、伊勢神宮を参詣しました。二二日は、午前六時五分に伊勢山田駅を発車し、奈良に向いました。奈良では、見物の最中に縣の具合が悪くなり、二時間ほど興福寺で休息をして、午後五時に大阪に向いました。この頃になると、父祥平に比べると体がひ弱かった縣は、長旅の疲れが出てきたのでしょう。

二三日は、一日中大阪見物や道頓堀で芝居を見物して過ごしました。二四日、午前八時半に中ノ島の宿を出て、港に行き、商船会社の朝日丸に乗船しました。朝日丸は、午前九時五〇分に出帆し、瀬戸内海の各港に寄港して、翌二五日午後八時に門司に着岸しました。

門司湊駅からは、また夜行列車です。午後一一時一〇分に発車した汽車は、翌日午前五時に佐世保駅に着きました。瀬戸行きの泉賀丸は午前八時出帆です。途中、面高《おもだか》、七つ釜、蛎《かき》の浦《うら》、松島内浦、松島釜ノ浦などに立ち寄り、瀬戸港に着いたのが午後二時三〇分でした。

ふるさと雪の浦に帰り着いたのが午後三時を廻っていました。八月六日から二六日までの二〇日間。七三歳の祥平さんよりも四一歳の息子、縣の健康が気になる長旅でした。

もうこの頃になると、第二次世界大戦後の国鉄時代とあまり変らない鉄道事情になっているようです。私も、戦後間もない頃のことでしたが、東京から立錐の余地もない鮨詰め状態の夜行列車で、下関までは立ちずくめで長崎に帰ったことがありました。関門トンネルを抜けてようやく座席に座ることができたことを、つい昨日のことのように覚えています。

さて、祥平じいさんと息子の二人連れ大旅行が、病弱な縣にとって良かったのか悪かったのか、それが原因とは思われませんが、それから一年後、大正三年九月に縣は四二歳の若さで病死してしまいました。最初で最後の二人だけの大旅行は、祥平じいさんにとって、忘れられぬ思い出の旅行となってしまいました。

縣が亡くなって二年後、もう三年忌となりました。祥平じいさんは、息子縣の遺骨を京都本山の地に納めることを思い立ちます。大正五年、七六歳になった祥平じいさんは、最後の上京、京都行きをすることになります。

今回は、息子の遺骨を京都の本山に納めることだけが目的ですから、当時としては最も効率的な手段で京都に向かいました。五月二一日午前六時に雪の浦の自宅を出発し、瀬戸港まで歩きました。瀬戸からは早岐《はいき》へ廻る汽船に乗り、早岐駅に一一時三〇分に着きました。午後一時一六分発の大急行列車（長崎発の特別急行列車）に乗り、午後六時半に門司に着きました。祥平じいさんらしいのは、特急券を「増税」と呼んで五〇銭を出しています。

この祥平じいさんが乗った長崎発の列車は、みな早岐経由でした。有明海沿岸を通る、今日のいわゆる長崎本線は、昭和九年に開通しております。なお、関門トンネルが開通して東京・長崎間を特急富士が始めて走ったのは、太平洋戦争中の昭和一七年一一月のことでした。

ともかく、祥平じいさんは、直ちに関門連絡船に乗り、下関に渡り、午後八時五分発の夜行列車に乗り込みました。例によって停車駅を丹念に書き込んでいますが、一一回目、一二回目の京都までの停車駅が異なっています。なぜ違っているのか、記憶違いか、山陽本線がまだ敷設の過程であったためなのか、検討の必要がありますので、後に考察してみましょう。

ともあれ、祥平じいさんは、大正五（一九一六）年五月二二日の午後四時に無事京都に着きました。

宮原祥平家墓地

翌二三日は、朝から大谷御廟所に参詣し、二四日には東西両本山を参詣すると、直ちに大急行列車に乗車して二五日の午後三時には帰宅しました。

この時代になったら京都くらいまでだったら、四日ほどで往復できるようになっていました。

祥平じいさんの大旅行は、大正五年の一三回目の京都行きで終りになったのですが、二年後、七八歳の早岐行きが、これこそ最後の最後の旅となりました。

この早岐行きは、雪の浦の名門「宮原家」を受け継いだ祥平じいさんが、為さなければならない、最後の仕事でした。三五年前の明治一六年（一八八三）、四三歳の祥平さんは、江戸時代から明治時代への変革の大潮流に飲み込まれて立ち行かなくなった二八歳の宮原代四郎の養子となって、宮原家を再興させせました。

祥平に全てを委ねた代四郎は、故郷雪の浦を出て行きました。何処で何をしていたのか、不明ですが、いわゆるホームレスとなって各地を旅していたのではないでしょうか。同じ「旅」とは言っても、代四郎はまったくあての無い、絶望の淵を彷徨う放浪の旅でした。村の名士となった祥平とホームレス代四郎とは、交わるところのない互に異なった世界に生きていました。二人の間は、全くの音信不通でありました。

大正七年(一九一八)、祥平じいさんは七八歳になっていました。一月一四日のこと、祥平じいさんは、雪の浦村駐在所のお巡りさんから、「前日、早岐駅の待合所で、代四郎が行き倒れになった」との連絡を受けました。おそらく、代四郎は身分を示すものを肌に付けていたのでしょう。早岐の警察分署から、瀬戸警察分署に連絡が入り、雪の浦の駐在所に伝えられたのです。

知らせを受けた祥平じいさんは、一五日に雪の浦を出発して瀬戸の港から佐世保に汽船で渡りました。着いたのは午後五時でした。その夜は佐世保の宿に泊まり、翌一六日に早岐に赴き、埋葬の手続きを済ませ、その日の午後三時半には佐世保の宿に戻って来ました。

雪の浦に戻って来たのは何時かは書いていませんが、代四郎の埋葬のために掛かった費用は、早岐までの交通費も含めて六円七六銭としっかりと記録しています。

それから一〇年。祥平じいさんは、もう二度とふるさと雪の浦を出ることもなく、穏やかな日々を過しました。亡くなったのは昭和三(一九二八)年、八九歳の長寿でした。

今、祥平じいさんは、ふるさと雪の浦の美しい砂丘の墓地に眠っています。

五　祥平さんは忍者だった？

「大旅行家祥平じいさん」のお話を終えるにあたって、読者の皆さんに「祥平さんの謎」を一つ提供しておきましょう。

それは、「どうしてこんなに何度も大旅行をしたのかな」ということです。いや、それは、これまで縷々述べてきたように「祥平さんは無類の旅行好きで、信心深い真宗門徒であったから」ですよと、私は言ってきました。

しかし、それだけではどうも片付けられないような気もします。「どこから、莫大な―と思われる旅行費用を捻出したのだろうか」「どうして、停車駅を少しももらさず記録したのだろうか」「どうして一人旅を好んだのだろうか」

他愛もない疑問で、今流行の「旅熱中人」とでも済まされれば済まされます。

ただ一つの引っかかりは、祥平さんが柔術―実は忍術の達人であったことです。

祥平さんが学び、師範を勤めた柔術「真妙流」は、今の言葉で言うと「忍術」そのものでした。雪の浦柔術「真妙流」の開祖富森競蔵が残した秘伝書を見ると、当身、捨て身、受身（請身）などの解説のほか、十手、鎖十手、手裏剣などの武具を用いたり、薬を使ったりしています。

富森競蔵は、雪の浦の領主（大村藩の重臣）富永家の家臣で、江戸時代の中期、文化年間に紀州根来寺で柔術（という忍術）の修業をし、免許皆伝を得て、故郷雪の浦で道場を開き有楽堂と名乗りました。「雪の浦」がある西彼杵半島西岸を「外海」と呼びますが、この地域は古来から外国船がしばしば来航するところでした。外海地域の南の端に長崎があり、そこには幕府によって遠見番所や台場が数多く設置され、異国船の来航に備えていました。大村藩でも幕府の命により、西彼杵半島西岸各地に番所を設け、異国船に備えていました。

実際、外海地域には、江戸時代を通して異国船が出没し、中国船の来航や漂着も相次ぎました。このように、常に緊張状態にあった外海地方の住民には、武士とはいわず、農民や漁民にも武術の鍛錬が奨励されていました。

今では、この地域でさえも先人が柔術に励んでいたことなどすっかり忘れ去っていますが、柔術（忍術）真妙流は、以上のような背景のもとで紀州根来から導入され、雪の浦を中心に南は福田村（長崎市福田）から北は面高村《おもだか》（西海市面高）までの西彼杵半島西岸の村々で盛んに行われていたのでした。

祥平さんも、雪の浦出身の男として若い時から真妙流柔術に励み、相当の腕前に達していたようです。幼い祥平さんを目をかけ何かと召し使っていた雪の浦の領主富永治部も、真妙流の達人で規外堂と名乗り、初代師範有楽堂冨森競蔵、二代師範仲和堂森冨太夫に続く三代目の師範として村民の指導に当たっていました。治部は惜しくも若死にしましたが、真妙流は四代目師範の和楽堂森都兵衛に受け継がれ、さらに五代目師範寿楽堂宮原祥平へと続きました。

祥平さんが、しばしば大旅行を繰り返したのは、真妙流を預けられ柔術（忍術？）家として脂の乗り切った時期です。師範として柔術指導にも忙しかったでしょうに、いったい何のため、誰のために（情報収集の）大旅行をしたのでしょう

ちょうどこの時期には各地に鉄道が敷設されていったとはいえ、あの凄い健脚ぶりには驚かされます。

忍術と大旅行とは、直接関係がなかったのかも知れませんが、ちょっぴり疑ってみたくなる祥平さんです。

第二章　長崎の自由民権運動

（富永隼太の敗北）

一　自由民権運動ってなあに

明治維新、近代日本の夜明けである。封建制度の衣を脱ぎ捨てた日本は、文明開化・富国強兵の旗印のもと、ひたすら世界の一等国めざして邁進した。

この近代化への道が、日本国民総意のもとで行なわれたのかはいささか疑わしく、様々な理由で反対し抵抗する人々を弾圧し、排除しながら行われたことは確かである。

慶応三年（一八六七）一〇月一四日、徳川最後の将軍徳川慶喜が、大政を奉還して以来、鳥羽伏見の戦い、江戸城開城、戊辰戦争と様々な障害を乗り切って明治新政府は確立した。

しかし、近代国家構築の道は、これからがたいへんであった。というのは、封建制度を打ち倒し、王政復古を成し遂げた原動力は、下級武士たちであった。ところが武士たちが血をもって購った明治維新は、武士を否定する世の中であった。つまり、尊皇攘夷の志士たちは、自分たちの依って立つ地盤を突き崩すために粉骨邁進したのであった。

まさに、明治維新は「一将成って万卒枯る」、「狡兎死して走狗烹らる」の状態となり、維新の功臣のみが、栄耀栄華を誇り、士族や平民などは、江戸時代に勝る悪政に、塗炭の苦しみを味わった。神国日本を西欧列強の侵略から救うには、日本が一等国になるしかないという論理は、当時においては多少の説得力を持っていたが、そのための礎《いしずえ》となり踏みつけられる国民はたまったものではなかった。

自由民権運動は、あてが外れた旧武士、士族たちの怒りであり、地租改正により搾取され金の卵を生ませられる道具におとしめられた農民、平民たちの恨みの声でもあった。自由民権運動を動かしていたものは、明治維新体制に不満を持つ人々のエネルギー、維新体制に乗っかって大成功を夢見る野心家たちのエネルギーなど様々な要素がからみあって複雑な様相を呈した。そのなかで踊った人物を一面的な側面からだけでは批評することはできない。

それは、明治の偉人と称えられる成功者にしても、悲劇的な最後を遂げた、あるいは全く忘れ去られてしまった敗北者にしても、短絡的に称えたり非難したりすることは、紙一重の運命の悪戯で人生を分けてしまった人物を冒涜することになるからである。

私は、明治の激動の中に消えていった敗北者たちに、ひとしずくの涙を手向けたいと強く強く思っている。

二　遅れた長崎の自由民権運動

「自由民権運動」といっても、その内実は、様々な主義主張が入り混じっていた。簡単に言い切ってしまえば、明治維新を成し遂げた薩長藩閥政府に反対するのが「自由民権運動」であった。ただ、反対運動を行った人々は、武士の特権を奪われて不満を募らせていた士族階層と、地租改正により昔と変らぬ重税に不満をもっていた農民階層とに分れていた。維新当初の頃は、士族たちは武力による反乱を起こし、農民は、一揆によって新政府に抵抗した。士族と農民は新政府反対では同じではあったが、その主張するところは異なり、お互いに連携して闘うことはなかった。

明治新政府は、圧倒的な武力を背景に、徹底的に弾圧し、鎮圧していった。こうして、武力や暴力による抵抗は明治一〇年の「西南の役」の後は跡を絶ち、後は、言論による抵抗運動へと変っていった。

近代文明曙の地、長崎地方は、自由民権運動ではあまり盛り上がらなかったと言われている。『長崎県の歴史』(山川出版社)には「徳川幕府時代西欧文明の窓口であった長崎は、明治維新後も西欧文明を進んで受けいれる進取の姿勢を示していたが、自由民権運動の動きは必ずしも活発ではなかった」と書いている。

その理由について、長崎県は、大村藩・平戸藩・島原藩など小藩が分立していた結果、横の繋がりが弱かったこと、中心となるべき長崎が、幕府領であったにもかかわらず、明治維新時、地役人層の人材が、素早く新政府側に取り込まれてしまったことなどがあるのかも知れない。

また、長崎に隣接する大村藩では、尊皇攘夷に批判的であった藩士たちの多くが維新前夜、弾圧され一掃されてしまった。これを、大村騒動という。大村騒動を演出し、藩論を勤皇に統一するのに大きな役割を果たした一部の藩士は、維新後、新政府の一員となって活躍した。これによって大村藩は小藩ながら薩長土肥に次ぐ地位を占めたと言われている。

さて、自由民権不毛の地、長崎にも「自由民権」を標榜する人物はいた。明治九(一八七六)年、「西海新聞」で主筆をしていた西道仙《にしどうせん》は、「国会急進論」を著して新聞条例に触れ、自宅幽囚一ヶ月の処分を受けた。もともと、西道仙は天領の天草出身で、天保七年（一八三六）に御領村（現在天草市）に生れた。文久三（一八六三）年二八歳の時、長崎に来て医者として開業する傍ら私塾を開いた。

勤皇家であった道仙は、明治維新の際、九州鎮撫総督兼長崎裁判所総督として赴任してきた澤宣嘉《さわのぶよし》に種々献策することがあった。宣嘉は、恩賞として金品を与えようとしたが、道仙は、長崎鳴滝の山中にある琴石を所望し、以後「琴石斉道仙《きんせきさいどうせん》」と名乗った。

比較的に権力に近いところにあった道仙は、印刷で有名な本木昌造とともに「崎陽雑報」や「長崎新聞」などを創刊した。「新聞」というと権力に対抗する言論の砦と思い勝ちであるが、道仙と昌造が創刊した新聞は、政治的な意図は少なく、記事も長崎府から提供を受けたものが多く、いわゆる「御用新聞」的な色彩が強かった。

西道仙が民権運動に近づいていったのは、明治八（一八七五）年頃からで、全国的な民権運動の高まりを受けたものであった。道仙は、まず郡区町村会を開くことを建議し、次いで国会を開設することを主張した。その結果については、冒頭に述べたとおりであるが、ここに至って政治的無風地帯であった長崎にも「自由民権運動」の種がまかれたのである。

道仙の民権思想は、多分に西郷隆盛贔屓からきたもののようで、明治一〇（一八七七）年二月に西南の役が起こると、五月には、「長崎自由新聞」を発行し、西南の役中心のニュースを流し、九月に西郷が鹿児島城山で自刃して戦争が終結すると、一一月には廃刊している。

道仙の民権運動は、薩長の圧政に抗議するという政治的なものではなく、理念としての民権思想であったようで、長崎地方を揺り動かすエネルギーにまではならなかった。『長崎県議会史』には、この頃のことを「西道仙の如きは、明治八年二月に長崎新聞を創刊し、明治九年一月には郡区開設の建白、一一年一二月には公選戸長となって、さらに一三年六月には長崎区連合会議長となっている。「西海新聞」や「鎮西日報《ちんぜいにっぽう》」が発刊されて、当時の長崎には全国的にみても有力な新聞が存在したのであるから、国会開設運動に無関心であったということはあり得ない。然し、佐賀、福岡、熊本、大分等の各地方に於いて相当猛烈な（運動の）記録が残されておるのに、長崎県のそれには残されなかったことは、他の地方と比較して低調であったとみるべきかも知れない」とくくっている。

明治一二（一八七九）年には民選の県議会議員が選出され、三月一七日には、長崎市内にある光永寺を議場として長崎県議会が開催された。実は、明治九（一八七六）年に長崎県と佐賀県は合併し、長崎県となっていた。議員の定数は六二名で、現在の区域から言うと長崎県側選出議員は三四名、佐賀県側が二八名であった。ところが、議長も副議長も佐賀県側の議員から選出され、議会に於ける発言も佐賀県側議員が活発で、議会中無言で通した議員が二〇名あまりもいたが、そのほとんどが長崎県側議員であったという。

この時の県議会議員の選出は、立候補制ではなく、地域での談合によって指名され選ばれたもので、多額の地租を納めたものしか選挙にかかわることが出来なかった。民主的な選挙とは程遠いのが実態であったが、それでも、民選県議会の実施、国会開設の詔勅は、国会開設運動に大きな弾みを与えた。

明治一二（一八七九）年の一一月には、全国各地から代表者が東京に集まり、立憲自由党の前身である「大日本国会期成有志公会」が結成され、国会開設促進の民権運動は大きな高まりを見せた。ただ、長崎県での運動はやや遅れをみせている。明治一三（一八八〇）年の自由党結成促進運動の会合には、西道仙や立石寛司（北松浦郡）、志波三九郎（南高来郡）、帆足隼太郎（南高来郡）などが名を連ねているのみであった。

西道仙は、県会議員ではなかったが、志波と帆足は二〇代の若年ながら第一回の県議会から議員を務め、頭角をあらわしていた。立石寛司は、この年に一年遅れて補欠として北松浦郡から当選し、最も年長の五二歳であった。

この時、長崎区選出の議員は、松田源五郎四〇歳、斎藤三郎吉三〇歳、森寛平（不明）でいずれも実業家で平民であった。彼等は、商業都市「長崎」の行く末を心配し、長崎を発展させるために明治政府や長崎県などの権力とは協力し、あるいは利用しようと考えてはいたが、明治政府や長崎県などと対決するなどとはまったく頭になかったようである。

当時の長崎県会議員は、長崎区を除いてほとんどが旧藩関係の士族で占められ、地域の名望家であり、権力に抵抗しようという意識は少なく、やがては郡長や戸長（村長）など『官』の方の役職に転じていっている。

ちなみに発足当時の長崎県議会の議長は、牛津（小城市牛津）出身の松田正久で三四歳の若さながらフランス仕込みの新知識を発揮して、議事をリードしていった。

松田正久は、明治二（一八六九）年、二四歳の時、藩命（佐賀の小城支藩）で上京し、漢学・国学・フランス学などを学んだ。明治五（一八七二）年に師であった西周《にしあまね》の推薦で陸軍省に入り、フランスに留学することとなった。フランスでは、政治や法律などを学び、公家出身の華族でありながら自由民権思想に理解のあった西園寺公望と交わった。明治八（一八七五）年に帰国し、陸軍省を辞官すると佐賀に帰り、自明社を設立し自由民権運動を行った。明治一二（一八七九）年に長崎県議会が創設されるや小城郡から選ばれ、一頭地抜きん出た存在として議長に選出されたのであった。

松田正久は温厚な性格であったと言われ、まだ議会の何たることかを知らなかった議員たちや長崎県の官僚たちを指導し、立派な議事運営を行ったと言われる。そのため第一回県議会は、行政側の県との感情的な対立もなく、無用なトラブルも起さず、スムーズに議事運営が行われ、県議会の模範として、政府など各方面から注目を浴びた。

ところで、長崎県側が自由民権運動への動きが鈍かったのに対し、薩長土肥と呼ばれ明治維新政府の一角を担った佐賀県側では、かえって明治新政府への不平不満の念が強く、自由民権運動に身を投じるものが多かった。

このような佐賀の士族や農民の不満が爆発したのが明治七（一八七四）年の佐賀の乱である。明治新政府は佐賀の不穏な動きを警戒し、廃藩置県以後、県名や県庁所在地をくるくると変えた。明治四（一八七二）年七月に佐賀藩が佐賀県となると、九月には、県庁を伊万里に移し、伊万里県と称した。明治五（一八七二）年五月には、再び佐賀に戻り、佐賀県となり、七年二月の佐賀の乱が起こった。乱の後、明治九（一八七六）年四月には、佐賀県を三潴《みずま》県に変え、さらに、八月には、旧佐賀県全部を長崎県に併合してしまった。

明治一〇（一八七七）年には西南の役が勃発し、九州地方はてんやわんやの大騒ぎになり、官民ともに自由民権運動どころではなかった。

こうして、ようやく明治一一（一八七八）年に初めての県議会議員選挙が行われ、翌一二（一八七九）年三月に第一回目の長崎県議会が長崎市の光永寺を仮議場として開催され、洋行帰りの議長松田正久に議会は委ねられることになったのである。

松田率いる長崎県議会は、行政側が出した議案（当時は県予算の審議権だけが認められていた）を無批判に通したのではなく、鋭い質問をしていることが当時の記録に残っている。例えば、「警察は、いったい民のためにあるのか。それとも官のためのものか」などと質問し、行政側を困惑させている。また、議案提出権もあるべきだという意見も出され、民主的な政治の在り方にも触れている。

ともあれ、初期の長崎県議会は佐賀側の議員の活躍でリードされていったが、まだ、民の議員と官の行政の鋭い対立は見られなかった。この両者の関係が変ってくるのは、明治一四（一八八一）年の国会開設の詔勅が出されてからであった。明治政府は高まる自由民権運動に、危機感を抱き明治二三（一八九〇）年を期して国会を開設すること、憲法を欽定することを発表し、世論の沈静化を図った。

この国会開設の詔勅は、大きな反響を呼び、直ちに板垣退助を中心とする『自由党』、大隈重信の『立憲改進党』が結成され、政党政治への動きが加速化した。

松田正久は、西園寺公望や板垣退助に近い関係にあったことから、自由党の有力メンバーとして中央で活躍し、県議会が開会すると長崎に戻ってきては、議長を務めるという二足の草鞋を履いていたが、いよいよ、国会開設に向かって政党が大きく動き始めると東京に釘付けになってしまった。

松田正久が自由党の活動のために明治一五（一八八二）年の一月に議長を辞任し、東京へ去ると、長崎地方でも政党結成フィーバーが巻き起こり、三月には大隈重信系統の肥前改進党が結成されたり、五月に長崎部会が結成されたりしている。長崎の西道仙や家永芳彦らは大隈重信系の改進党に参加した。

なお、松田が去った後の県議会は、当時三一歳であった南高来郡選出の志波三九郎が選ばれた。長崎県議会は、気鋭の新議長のもとに熱心な議事審議が行われていたが、明治一六（一八八三）年五月九日、政府は突然、佐賀・長崎の分県を行った。分県を行った理由は、はっきりしていないが、それ以後の県の状態が今日まで続いている。

三　富永隼太の登場

長崎・佐賀の分県後の県議会は、佐賀県側は、これまで長崎県議会議員であった二八名に五名を補充して佐賀県議会を七月に発足させた。長崎県側は、これまでの定員三四名そのままで議員の改選を八月に行った。その結果、大幅に議員の変更が行われている。

実は、長崎県の県会議員の出入りは、県議会が創設されて以来激しいものがあった。

この頃は、今では考えられないことだが、長崎県議会議員職は至って不人気で、議員になろうという人が少なかった。県議会の権限が少ないこともあったが、県の予算案審議だけのために、交通不便な所から長崎まで苦労してやって来て、時間を費やすのはごめんだという雰囲気があったのである。

明治一二（一八七九）年の県議会創設から明治一六（一八八三）年までの僅か四年間、本書の主人公「富永隼太《とみながはやた》」の選挙区である「西彼杵郡区《にしそのぎぐんく》」での県会議員の移り変わりは次のようになっている。

明治一二年一月に選ばれた第一回県議会議員は、朝山友斉、菊池平一、村島周吉、朝長慎三、藤瀬圓二の五名であった。

最初に辞職したのは藤瀬圓二で、一二月、在職一年たらずで退職した。補欠には翌年の三月に橋本嘉四郎が当選した。明治一四（一八八一）年一月には二回目の選挙が行われ、朝山友斉、菊池平一、橋本嘉四郎と新しく森文吾、渡辺元が選ばれ、村島周吉と朝長慎三と代った。ところが、菊池平一が五月には辞職し、小川虎一が補欠当選した。

明治一五（一八八二）年になると出入りはさらに激しくなり、四月に選挙された森文吾と朝長友斉は八月と一二月に退職し、一〇月に富永隼太が、翌年二月には児玉勝納が補欠当選した。一六（一八八三）年には四月に橋本嘉四郎、五月に渡辺元が退職し、代りに久松源五郎と志賀親朋が選出されたのである。

結局、明治一六（一八八三）年八月に行われた佐賀・長崎分県後最初の選挙では、分県前のメンバーがそのまま西彼杵郡選挙区選出の県会議員となった。事態が複雑なので、改めて整理すると、小川虎一、富永隼太、児玉勝納《かつのう》、久松源五郎、志賀親朋《しんぽう》の五人が分県後の西彼杵郡選出議員であった。

この当時の県会議員は立候補制ではなく、地域の有力者の談合によって候補者が決められることが多かったので、選ばれる議員も当然、その地域の有力者であった。

たとえば、児玉勝納の父は、幕末期大村藩家老として勤皇三七士をまとめ、慶応三（一八六七）年正月に暗殺者に襲われ瀕死の重傷を負った針尾九左衛門である。九左衛門は明治四（一八七一）年に先祖の姓『児玉』に改姓し煕納《ひろのう》と称した。児玉勝納は安政四（一八五七）年に生れ、明治一六（一八八三）年には二六歳で議員の資格を得て間もなく、かつて知行地があった長浦村から選出されている。なお、勝納は、明治二八（一八九五）年に三九歳で亡くなっている。

また、久松源五郎も、三重村に知行地を持っていた大村藩士で三七士の一人である。志賀親朋は、おそらく彼ら県会議員の中では最も有名人であったと言える。浦上淵村（江戸時代は天領浦上村淵）の庄屋の家柄で、彼自身はロシア語通詞として幕末から明治にかけて活躍し、明治六（一八七三）年から三年間ロシアに滞在し、外交官としてまた通訳として樺太国境画定談判に携わった。県議会議員に選ばれたのは、外交官の職を辞して長崎に戻ってきたことによるものであったのであろう。まだ四〇歳の働き盛りであった。

このほか、朝山友斉は、下岳村の医者であったが、明治維新の戊辰戦争の折には軍医として出陣している。菊池平一は、時津宿御茶屋番を勤める大村藩士の家柄で、滑石村平宗《なめしむらひらむね》の庄屋を務めたり、後には時津村の初代村長を務めたりしている。また、小川虎一は大村藩士としての身分は低かったが、長浦村（現在長崎市琴海町長浦）小口《こぐち》を支配する家柄で、この地域では絶大な勢力を持っていた。この物語の富永隼太も雪の浦村（現在西海市大瀬戸町雪の浦）に知行地を持っていた大村藩士の家柄で、明治になってから雪の浦に居を構えていた。

このように、西彼杵選挙区のうち、大村藩に関係する地域（現在は長崎市の多くの部分を占める浦上渕村は、西彼杵郡に入っていた）から選ばれた県会議員は、大村藩に繋がる士族で占められていた。そのために、当時吹き荒れていた自由民権の嵐は、この西彼杵郡あたりにまでは及んでいないように見えた。

富永隼太が地域の輿望を担って県会議員に選出されたのは、明治一五（一八八二）年一〇月、被選挙権を得たばかりの二五歳四月の、まだまだ若僧であった。これも、長崎県全体の傾向ではあるが、西彼杵郡においても長年の支配階級であった士族の影響力は、根強く残されていた。ちなみに明治一五年に報告された西彼杵郡の人口は三五、三五五八人で、選挙権を持っている者が二、六〇六人、被選挙権者が七〇四人で、そのうち、士族は僅か一一人であった。そうして、西彼杵郡選出の県会議員五名は、全員が士族であったから、健康で県会議員の職務に耐えうる人材は、ほぼ全員が選ばれたのではないだろうか。

また、当然の帰結として、幕末から明治にかけて尊王討幕の時流に乗った藩士の家柄出身者は、当時の権力側に近く、自由民権とはあまり縁の無い人物が多かった。

隼太が明治二三（一八九〇）年の第一回衆議院総選挙に出馬して当選するまで、共に県会議員を務めていたのは久松源五郎だけで、小川虎一は一七（一八八四）年の一二月に退職し、長浦村戸長に転出し、児玉勝納と志賀親朋は、明治一八（一八八五）年までは名前が出ているが、二〇（一八八七）年の県議会には姿を見せていない。当時の県議会の記録をみても、富永隼太以外には、発言の記録が無く、若い隼太の活動だけが目立っている。

県議会という性格上、一般的に党派色のある発言や活動は見られないが、『民力休養』という立場から、明治政府に繋がる県の施策に反対する発言が多かった。特に、大選挙干渉が起り、議会軽視の風潮が強まると、県議会側は、ことごとく予算案削減の議決を行い、県が「県議会議決不認可権」という権限を行使して原案執行を行う事態になった。

明治二〇（一八八七）年、三〇歳の隼太は、常置委員に選ばれ、県議会の中枢として活躍したが、衆議院に転出以来、彼は民党《※みんとう》の一員として「自由民権」を貫いてきた。それは、彼がもともとそのような思想を持っていたのか、それとも、県議会の活動の中で培われたのかは分らないが、ともかく封建色の強いこの地方では異色の存在であったのは確かである。

※明治政府支持の政党を「吏党」とか「官党」といい、反対の政党を「民党」と呼び分けていた。

四　明治維新から弾き出された富永家と荘家

富永隼太が生涯を貫いた反骨精神は、幕末から明治にかけての富永家の運命と無縁ではない。

これまでも繰り返し述べてきたことであるが、長崎県の西彼《せいひ》や東彼《とうひ》、大村地方では幕末から明治にかけて大村藩の藩論を勤皇討幕に導いてきた藩士、いわゆる三七士と、戊辰戦争に功績のあった人々が大きな勢力を持っていた。

これに対し、佐幕派とみなされた藩士たちの行く末は惨めであった。実際は、『佐幕派』という徒党を組んだ形跡はなく、勤皇派の行き過ぎた行動を快く思っていなかった藩士たちを『佐幕派』と目していたようである。勤皇派に狙い打ちされた彼らは、慶応三（一八六七）年の大村騒動によって徹底的に弾圧され、処刑された。そのため、本人はもとより、残された家族は、その後、悲惨な生活を送ることとなった。

幕末に於ける富永家の当主は、まだ一〇歳の隼太で、「鷲之助」と名乗っていた。父を「治部種克《じぶたねかつ》」といい、九年前の安政五年（一八五八）に三八歳の働き盛りで亡くなっていた。治部は、なかなかの人物であったようで、城代家老を勤めたり長崎聞役を勤めたりと、大村藩の中枢として活躍していた。その上、知行地の雪浦では、柔術真妙流の師範として領民の指導に当たっていた。

その治部が、藩が佐幕か勤皇かと揺れ動く、多事多端な時に突然亡くなったのである。

治部が佐幕派であったかどうかは、定かではないが、治部が早死にをしたため、富永家は大村騒動の渦中に巻き込まれず、激動の幕末をよそに、幼い鷲之助の成長をひたすら願って時代の荒波をやり過ごしてきたのであるまいか。

このことが富永家にとって、不幸であったのか、幸いであったのかは分らないが、治部の妹「貞」が嫁していた荘《しょう》家は、悲惨であった。

治部の義弟荘新右衛門《しょうしんうえもん》（勇雄《いさお》）は、江戸時代後期、純顕《すみあき》・純熙《すみひろ》二代の藩主に仕え、大村藩を動かした家老江頭官太夫の次男であった。兄は、父官太夫の跡を継いで家老となった隼之助《はやのすけ》で、新右衛門は、荘家の養子となった。

新右衛門は、天保三年（一八三二）生まれで、義兄の治部よりも一二歳年少であった。江頭家は大村藩では新興の家であったが、官太夫《かんだいう》の代に重用され藩政改革に腕を振るった。

官太夫は元治元年（一八六四）、老齢のために辞職し、長男の隼之助が代って家老職に就いた。

弟の新右衛門は、荘家の養子となり「勇雄」と名乗ったが、後に後に「新右衛門」と改めている。

勇雄は才気煥発、文武両道に優れていたようで、一八歳の時（嘉永三年の頃）江戸に出て、当時、千葉周作、桃井春蔵とともに天下の三剣客と言われた神道無念流の斎藤弥九郎の門に入り剣の腕を磨いた。

彼はたちまち頭角をあらわし塾頭となっている。安政元年（一八五四）に大村藩では、藩の剣法を「無念流」に改めることにし、勇雄は、斎藤弥九郎の次男歓之助を伴って大村に戻ってきた。二三歳の時であった。なお、斎藤道場の塾頭は、あの有名な長州の桂小五郎に引き継がれていた。

帰郷後の勇雄は、藩主純熙の僅か二歳年下ということもあってか、事あるごとに重用された。本書は、荘新右衛門（勇雄）の伝記ではないので深入りすることは避けるが、文久三（一八六三）年、幕府の攘夷令によりイギリスとの戦いになるのではと「長崎」が騒然となり、大村藩主純熙は三一歳の新右衛門を責任者として長崎に駐在させた。なお、この年の正月一一日に新右衛門として藩の用人に任命されているので、用人に取り立てられた時に、勇雄から新右衛門に改名したものと思われる。以後、「新右衛門」と呼ぶことにする。その新右衛門は、慶応元年（一八六五）の第二次長州出兵の時、その不可を論じるために大村藩を代表して江戸に派遣されている。

藩主純熙が寵愛していた儒学者松林飯山《まつばやしはんざん》が、何者かに暗殺されたのは、慶応三（一八六七）年正月三日のことで、新右衛門はこの時江戸に滞在していた。飯山は、中央にも知られていた勤皇の志士で、秘密結社「三十七士会盟」の中心人物であった。その飯山と三七士の盟主とされていた家老針尾九左衛門が襲われたのであるから、佐幕派の仕業に違いないと、それと目される藩士が次々と捕らえられ処刑されていった。

新右衛門が、暗殺に加わった一味として藩の召喚状を受けたのは、江戸からの帰途、東海道の藤沢宿であった。引き続き、三七士の中心人物で、剣の道の後輩、桂小五郎の後任塾頭に自分が推薦した渡辺昇から、自裁（自殺）を勧める書状が届いた。渡辺昇は、藩内に人望のある新右衛門が大村に戻ると面倒な事態になると考えたのである。

「もはや大村藩に自分のいる場所はない」と悟った新右衛門は、そのまま行方を晦ました。大村藩では執拗に新右衛門を追求した。剣術の師斎藤弥九郎の庇護も失い、遂に追詰められて八月九日、常陸国の胎蔵院で自殺してしまった。三五歳の若さであった。

この「大村騒動」の結果、大村藩は勤皇急進派一色となり、鳥羽伏見の戦いでも薩摩と行動を共にし、明治維新では、薩長土肥に続く勤皇藩として名声をあげ優遇されることとなった。

荘新右衛門の残された家族は、家禄は没収され、屋敷を追い出され、たちまち路頭に迷うことになってしまった。記録には残っていないが、妻子の援助をしたのが、新右衛門の妻『貞』の実家富永家であったと思われる。

新右衛門には、幼い五歳の「清次郎」が残されていた。貞と清次郎が、この大村の地で生きていくには容易なことではなかったであろう。実家の雪の浦に来て、清次郎の成長を頼りに耐え抜いていたのかも知れない。または、親子二人東京に出て、身をひそめるようにして生きていたのかも知れない。そのあたりのことは杳として分らない。

ともかく、明治一三年（一八八〇）に一八歳になった清次郎が東京大学予備門に入学したことが分っている。清次郎勉学の影には、大三菱の創業者岩崎弥太郎の姿があった。

岩崎弥太郎と荘新右衛門とは、どこでどのような交流があったのか分らないが、弥太郎は新右衛門の遺子清次郎の境遇に同情し、全面的な援助を行っている。

岩崎弥太郎が長崎に初めて来たのは、安政六（一八五九）年、そうして土佐商会の主任として長崎で商業の道に踏み込んだのが慶応三（一八六七）年のことであった。二人の出会いは僅かではあったが、大村藩を代表する荘新右衛門の名は、長崎では知れ渡っていたのであろう。

なお、清次郎を岩崎弥太郎に紹介したのは、弥太郎の従兄弟で、弥太郎・弥之助の片腕として活躍した豊川良平と言われている。弥太郎や良平が清次郎の前歴を知っていたかどうかは分らないが、大学予備門に入ったものの学資を得る道が途絶え、非常に窮迫していたことを知り、援助の手を差し伸べたものである。

弥太郎は、清次郎を長男久弥の学友として遇したと言われている。清次郎と久弥が伊香保の岩崎家別邸に遊びに行った時、二人は、そこに静養に来ていた二代目社長の岩崎弥之助から、東京までの旅費を頂いている。弥之助が、亡くなった兄弥太郎の跡を受けて二代目社長となったのは明治一八（一八八五）年である。清次郎が東京大学を卒業したのも明治一八年である。伊香保でのエピソードは、アメリカのエール大学に留学する直前の話であるかもしれない。ともかく久弥はその翌年の明治一九（一八八六）年に清次郎の後を追うようにしてアメリカへ渡りペンシルバニア大学に入学した。清次郎は二歳年下の久弥の面倒をよく見たのであろうか、帰国した年月は分らないが、三菱に入社したのは明治二二（一八八九）年であった。それから二年後、明治二四（一八九一）年に久弥も帰国し、三菱の副社長に就任。さらに二年後には三菱三代目社長となった。

こうして、荘家と三菱岩崎家とは、深いつながりを持つようになり、清次郎は岩崎久弥が最も心を許す親友として親戚のような待遇を受けるようになった。戦後の三菱商事の社長や会長を歴任したのは、清次郎の息子清彦であった。

富永隼太の孫に当たる（隼太の娘夏の子）森川英正（元法政大学教授）氏は「清次郎は終生悲惨な死を遂げた父の無念を心に刻み、学生時代を通じ、父の白骨を机上に置いて勉学したという。このような彼の感情が父を死に追いやった大村藩に対する怨恨え《ママ》と転化していく。維新後、渡辺昇が大阪府知事、会計検査院長等の要職を歴任して、子爵にまで列せられているのをみるとき、怨恨はいっそうのったであろう。事実、清次郎は大村藩出身者との接触は極力避けた。」と書いている。

思いもかけないところから富永隼太と従兄弟の荘清次郎の運命は大きく食い違っていくことになる。清次郎は大三菱の一員として政治の世界には一歩も足を踏み入れることはなかったが、隼太も、大村地方の中では珍しく、反権力、自由民権、在野の道を突き進んでいった。

五　隼太、衆議院に打って出る（第一回衆議院総選挙）

明治二二（一八八九）年二月一一日、大日本帝国憲法・衆議院議員選挙法などが公布され、いよいよ国政も国民の意思が、不完全ながらも反映されることになった。

明治一七年に、自由党は解党し、自由民権の動きは引き潮に向っていたが、明治二三（一八九〇）年の第一回総選挙にむけて再び大きな盛り上がりを見せてきた。

当時の新聞は、それぞれ政党の機関新聞で、盛んに相手の攻撃を行った。長崎県では、民党側が「長崎新報」（後の長崎日日新聞、長崎新聞）で家永芳彦が社長であった。官党側は「鎮西日報」で、北松郡長であった佐々澄治が長崎県知事中野健明の要請によって社長を務めていた。

幸い、当時の「鎮西日報」が長崎歴史文化博物館に残されており、総選挙当時の両新聞の動きを知ることが出来る。次に紹介するのは、第一回総選挙前の記事であるが「同好会（民党派）に一言す吾輩は信ぜり。諸君は県下において多少見識を有する人士なりと。（中略）而して聞く長崎新報は貴会の機関なりと（中略）両三日来の同新聞の記事をして同好会の機関的記事として見らるるあらば、世の鄙人賊丈夫は或は一時快呼せん。然れども広く天下政治社会の公平なる人士は眼中に曝らしめず。独り長崎新報の野蛮風に驚くのみならず、実に同好会の政治思想の卑低を驚嘆するもの多からん。是を以て貴会は栄と為すを得べき乎。又広く改進党同一味の士に対して面目あるべき乎。貴会員あに尽々破廉恥の人のみならんや、少しく反省する所ありて可なり」と痛烈である。

富永隼太（衆議院議員時代）

選挙当日の七月一日付けの「鎮西日報」には、同好会と長崎新報をゴロツキ社会の団体とか罵詈讒謗の稽古所、訛伝虚説の製造所、陰謀猾策の工夫場、瘋癲白痴の集会所と口を極めて攻撃し、第一選挙区（長崎市と西彼杵郡）では稲田又左衛門が有力であると報じている。この記事の前には「(前略)選挙を重んじ、決して選挙権を放棄するなかれ。選挙すべきは稲田又左衛門、松田源五郎の両氏なり。記憶せよ選挙人諸君」と大書している。

長崎県では六つの選挙区があり、第一選挙区だけが二人制であった。ちなみに、第二区は東彼杵《ひがしそのぎ》・大村・北高来《きたたかき》・諫早《いさはや》で、第三区は、南高来《みなみたかき》・島原、四区は北松浦(佐世保も含むが、まだ鎮守府が置かれず、村であった)・壱岐、五区は南松浦、六区は対馬で、長崎県としての定員は七名であった。

何しろ、第一回の衆議院総選挙ということで、立候補者が続出し、第一区は候補者の多さで、二区から四区は、有力候補者の対立で衆目を集めた。

「鎮西日報」では、一区の有力候補者の人となりを紹介しているが、かいつまんで述べてみよう。第一に挙げているのが稲田又左衛門である。日報では、又左衛門は、幕末、動揺する大村藩を勤皇派に導いた功績があり、維新後は東京にあって大村家の家政を治め純熙公を輔けた。明治一二年に大村に帰ると、長崎区長・西彼杵郡長・長崎裁判所の勧解吏を歴任した。謹厳温厚すこぶる君子の風を帯び、事に当たれば果断決行毅然たる丈夫なり、候補者の随一であるとべたボメしている。

次に、松田源五郎については十八銀行頭取として名声があり、世務に長じ経験に富み実業家の巨擘として全国の実業社会に聞え、独り長崎市の有力者たるのみならず地方の公益に尽力したるところ特に大なり。実業社会の代表者として衆議院中無かるべからざる必要の人物なり、と力説している。

民党からの候補者としてまず西道仙を挙げている。道仙は「元瓊林学館《けいりんがっかん》教師、元長崎新聞元西海新聞元長崎自由新聞主筆、元長崎区会議長、元同志会議長元自治協会幹事長、同好会幹事玉園会幹事、長崎新報常議員、長崎私立衛生会幹事、長崎医会副会頭、日本赤十字社長崎県委員で、このたび家永・富永氏と分離して同好会から候補者として打ち出した。しかし、如何に履歴が長くとも安然としていることは出来ない。この三四日間の戦争（選挙戦）の如何によりて勝敗が卜される」とある。

次に家永芳彦については「去る一五日、西彼杵郡亀岳村において同郡の有志者による私撰会で富永隼太氏とともに推撰された。家永氏は代言人にして仝組合長を務め、長崎市会では議長を務め、昨年長崎新報（現在の長崎新聞社）創立のときに社長となった。政治上の主義は進歩主義にあり、長崎同好会の幹事にして主義のために奔走尽力している。今、同好会では家永氏と富永氏とを推し、同会中の一派は稲田氏と西氏を推している。家永氏の政治家としての価値、新報社社長としての力量、その長所短所は世の中によく知られている所であるので、ここでは言わない」とある。

さらに富永隼太については「元大村藩の門地に生まれ、廃藩置県後居を雪の浦に移し、県会の制度が出来ると挙げられて議員となり又常置委員を兼ねる。本県の第一選挙区同好会の会員多数の望みを負うのは氏の右に出るものはいない。しかし、哀れなことに同派の一部のものによって売られようとしている。これに加えて第一区の候補者は稲田・松田氏の勢いがますます盛んになっている。七月一日の結果はどうなるか、覚悟しておいたほうがいいだろう」といささか辛らつである。

以上、「鎮西日報」から、その意とするところを、筆者の責任で噛み砕いたものであるが、第一区では、この五人以外にも多数の候補者がいた。

さて、第一区の結果については、興味津々であるが、「鎮西日報」には詳細に報道しているので、ここに掲げてみよう。ところで、定数二名にたいして候補者がなんと二四名であった。全国の読者にとって、二四名の氏名と票数などは興味の無いところではあろうが、ともかく、彼らは地方の名士であり、後に様々な方面で活躍した人物もいるので、煩を厭わず挙げてみることにする。

開票は、選挙日の二日後、明治二三年七月三日に行なわれた。日報によると、三日の午前一〇時に長崎市内の上筑後町の永昌寺において、選挙長渥美力弥太郎氏、立会人志賀親朋氏外五名が着席し、投票箱を開き、一々投票を読み上げて、午後四時頃終了した。

その結果は、

二三一票　富永隼太（当選）
二一四票　家永芳彦（当選）
一三九票　稲田又左衛門（次点）
五五票　松田源五郎
二一票　岩永雄太郎
一五票　年田（牟田か）逸馬
一一票　原口駒太郎
一〇票　朝山友斉
九票　西　道仙
八票　村島周吉

一票　東　清七
一票　山下貞治
一票　佐々澄治（鎮西日報社長、第四区では三二八票獲得したが次点となっている）
一票　弥永政七
一票　渡辺　元
一票　峰　為之十
一票　志賀親朋
一票　片山長蔵
一票　志田兵作

三票　藤原九郎　　　　　　一票　児玉勝納
二票　高浜政一
二票　深町金八
二票　横山寅一郎（後に長崎市長、衆議院議員等を務める）

少数票しか獲得しなかった者の名誉のために付け加えておくが、今日の選挙制度とはかなり異なっていて、立候補制ではなく、選挙人が入れたいと思った人物に、被選挙人の思惑には関係なく投票しているようである。ちなみに一票しか獲得しなかった佐々澄治は、第四選挙区では民党派の立石寛司と激烈な選挙戦を行い四二〇票対三二八票で惜敗している。

なお、もっとも激戦であったのは島原・南高の第三選挙区で、定員一名に対して三名が参戦し、当選者の牧朴真が二六五票を獲得したのに対し、次点の志波三九郎は僅か三票差の二六二票であった。三位は本多孫四郎で、それでも一一二票も獲得した。

当選者の牧朴真は島原藩出身の士族で、明治八（一八七五）年に二一歳で明治新政府に登用され、明治二一（一八八八）年に総武鉄道を創設し、社長となった。明治政府の期待に応えて吏党からの出馬であった。一方、民党の志波三九郎は、佐賀藩領飛地の神代村出身で、若くして長崎県議会の議長を勤め、地域での人気は非常に高かった。第三区では志波三九郎が僅か三票差で涙を飲んだが、県全体では吏党（政府側）の当選者は二名で、五名が民党（野党）であった。

このように第一回総選挙では、長崎県のみならず、全国的にも民党側の大勝利で、立憲自由党と改進党とを合わせると一七〇名、吏党側は大成会、国民自由党、その他を合わせても一三〇名であった。（明治四十年史）

第一回総選挙で選出された衆議院で、圧倒的多数を誇る民党側は、政府が提出する軍事大国を目指す予算を民力休養の名のもとにことごとく拒否した。切羽詰った政府は、あの手この手の切り崩し工作に乗り出し、自由党土佐派の協力（裏切りと言われた）を得て、ようやく二票の差で、修正予算案を可決させることが出来た。

首相山県有朋は、内閣を投げ出し、後継内閣を松方正義が組織することになった。しかし、民党優勢の構図は変らず、明治二四年一一月の明治二五年度の予算を審議する議会は、国家予算大削減の嵐が吹き荒れた。

この時、海軍批判に晒された海軍大臣樺山資紀は、興奮して有名な薩長政府礼賛の発言を行い満場混乱のなかに予算案が否決されてしまった。

こうして僅か一年余りで衆議院は解散され、第二回目の総選挙が行われることとなった。明治二五年二月に実施された臨時総選挙では、政府によるなりふり構わぬ大選挙干渉が行われ、日本の政治史の上における一大汚点となっている。

時の内務大臣は品川弥二郎で、選挙に当たって県知事ら地方長官を集め「天皇の政府に反抗した不逞な議員を二度と議場に送り出さぬよう」選挙に干渉することを命じた。

この選挙大干渉については、多くの歴史家がその歴史書に述べているが、ここでは明治四二年に出版された「明治四十年史」から、引用してみよう。

「選挙干渉の訓令を地方長官並びに警部長に下させめぬ。さなきだに民を虫豚と選ばざる地方官憲は白日公然剣を鳴らして毎戸に説諭脅迫し単に暴力を以て其目的を遂げんとせり。其甚だしきに至りては民党は即ち前日の朝敵同様なれば場合によりては斬捨て御免の特例を与えらるべしというに至り、梶棒飛び、鉄拳舞い刀を揮い家を焼き人を殺し壮士の暴行運動者の狼藉至らざるなく、中にも熊本、石川、高知、鹿児島の諸県と東京大阪の二府最も激しく、其前一月三〇日政府は予戒令なる勅令を発し遊手村無頼の壮士を取り締まると称し実は民党の壮士のみを拘束し、吏党の壮士を自由に運動せしめたれば、高知の如き民党猖獗の地方にありては或は投票函を奪取せられたるが如き珍事あり。この一大紊乱の総選挙において全国を通じて死亡者二五名、負傷者三八八名を出すに至れり」

九州では佐賀県での選挙干渉が激しく、遂には軍隊を出動させるに至っている。どちらかといえば政府寄りであった「東京日日新聞」は、二月一五日の報道で「投票中止　暴徒妨害をなし、町村は投票を中止す。聯合暴挙　三根郡中原村にて、民党は各村聯合暴挙の報あり。凶器を携えて横行す　杵島郡山口小田近傍にて暴挙起り、民党白幡に屯集す。隊伍を組み凶器を携え横行す。北方地方にても暴徒蜂起し、困難の模様あり。秀津も同様ならん。通行絶え様子詳らかならず。民党分署を襲わんとす。三根郡にて両派とも死傷あり。民党まさに東尾分署を襲わんとす。小城郡小城の巡査、郡書記を始め、死傷者一五、六名。民党千人ばかり勢い盛んにして未だ鎮定せず。秀津分署はいかがなり居るや分からず。暴徒通行を絶つ。鹿島警察より応援に赴く。予戒令を施行す。殺傷すこぶる多し」と全国が戦争のような有様になっていることを伝えている。

『薩長』のお膝元である鹿児島でさえも選挙干渉は激しく、放火・口論・暴行・離縁・免官などが党派間で行われ、警察官の死者までが出た。

この結果、佐賀県では大物の松田正久が落選し、民党一名吏党三名、福岡県、民党（自由党）一名、吏党八名、鹿児島県、民党二名、吏党（中立も含む）六名、長崎県では富永隼太、家永芳彦などが落選し、民党二名、吏党五名となり、九州では押しなべて民党の惨敗に終った。

全国的には自由党九四、改進党三八、中立七四で、吏党は九三という結果であり、大干渉のかいもなく政府の大惨敗に終った。

このことから、九州各県での選挙干渉の激しさが窺われるが、長崎県における選挙状況について伝える記録が無く、あかたも選挙干渉が無かったように見え、『長崎県の歴史』（山川出版）にも、このことについての記述が無い。

ところが長崎県議会は、『県議会史』（昭和三九年発行）を編纂するにあたって八方手を尽くして調べ、遂に南高来郡国見町（現在島原市）の植木家で、明治二五年の長崎県会の記録を発見し、長崎県における大選挙干渉の事実と当時の県会議員の活動を明らかにしている。

これから、長崎県における大選挙干渉の具体的事実を、県議会史に従って述べていくが、編者の努力と誠意に感謝して、僅かではあるがその中の一文を掲載する。

「明治二五年二月一五日の衆議院議員総選挙に於ける内務大臣品川弥二郎の選挙大干渉と言えば、日本の政治史上余にも有名である。一時は各地方に於いて軍隊迄出動して恰も内戦に等しい状態を示した地方もあって、九州地方は福岡、佐賀、熊本、鹿児島の各県に於いて特に激甚を極めたようであるが、この時の長崎県内の選挙状況についての詳しい記録が残されたものが見当たらなかった。県庁即ち官憲側としては、干渉の事実を示すが如き書類を後に残して置く筈がなく、民間側としても、県会議員や地方有志の手によって個々の或は部分的の記録は残されたかも知れないが、夫れ等が表面に出されて所謂『記録』として留られたものは全く見当たらない。従って長崎県に関する限り品川内相の選挙干渉が、どの程度長崎県政の上に影響を与えたかという点について、真相を知ることは出来なかった。県が従来県会関係書類をまとめて綴じ込んだ第一課事務簿『県会之部』も明治二五(一八九二)年の分は見当たらないため、県側の事務の関係からも之れ等を窺い知る術はなかった。

ところが幸いにして南高来郡国見町(多比良町)植木直人氏(植木元太郎氏後裔)の深い理解と好意に由って、再三に亘り同家書庫の調査を許され、多くの参考資料を発見することが出来た。中でも同家で発見された県会日誌は特に貴重なもので、この内に明治二五年通常県会記録第一号から第二十五号迄全部欠号なく含まれて居って、前掲二四年度精算報告の審議に現れたように、長崎県のこの時の選挙干渉の事実と当時の県会議員の議会活動の状況が、手に取るように判るのである。

県会は遂に精算報告の警察費を不法支出として決議をなし、内務大蔵両大臣に対しては、其の処分上申の決議を満場一致を以て通した。かようにして二六年度歳出予算の審議に入って、警察費に大削減を加える結果となるが、このような重要な記録が、この県会日誌以外に長崎県の記録の何処にも記されておらない。然らば、この『日誌』は他にもあるかと言えば、おそらく今日残っておるのはこれ一冊のみであって、これが無くなった場合明治二五年の本県における選挙干渉記録は永久にあとに残らぬかも知れない。長崎県の政治史上特筆に値する議員の真剣な議会活動を識るために特に夫れ等の点に重点を置いて歳出予算に関する県会審議のあとを視ることとする。

尚念のために記することは、前述のように二月総選挙は大混乱を極め、長崎県にも吏党側に属する議員と目すべきものが数人あったことは事実であるが、精算報告の警察費不法支出決議に際し、出席議員三四名の内の三三名がこの決議に賛成し対馬の多田議員一名賛成に加わらなかったという事実である。二月総選挙の干渉弾圧に対する国民感情が如何に激しいものであったかを証する一面と観られよう。」

六　忘れ去られた長崎県での大選挙干渉（第二回総選挙）

では始めに、長崎県内の各選挙区での異動を見てみよう。第一選挙区の長崎・西彼杵郡では前議員の富永隼太・家永芳彦が落選し、松田源五郎、稲田又左衛門が当選した。第二選挙区東彼杵郡、北高来郡は、朝長慎三再選、第三選挙区南高来郡、牧朴真再選、第四選挙区北松浦郡、立石寛司再選、第五選挙区南松浦郡、宮崎栄治落選、大坪利晋当選、第六選挙区対馬・壱岐は相良正樹落選、川本達当選という結果であった。

民党側は、朝長と立石の二人だけで、五人は吏党側であった。ちょうど、第一回総選挙と勢力が全く逆転したのである。

長崎選挙区の松田源五郎は長崎財界の大立者で、稲田又左衛門は、大村藩三七士の一人であり家老職を勤め藩主の側近として、藩論を勤皇討幕に導いた功労者であった。

なお、落選した富永隼太は、この年の一〇月、県議会選挙で再選されて県議会に復帰し、一一月議会において、長崎県の選挙干渉を追及している。

当時の県議会は、県の予算関係の審議をするのが主で、その権限は今日に比べると大幅に制限されたものであった。そのため、予算・決算の審議を通して追及するしか出来ず、「知らぬ、存ぜず」と選挙干渉そのものを否定する県にたいして、打撃を与えることは出来なかった。しかし、植木元太郎（当時の県会議員で島原鉄道の創設者）が残した「県会日誌」を見ると、否定すればするほど、選挙干渉の激しさとあくどさ、県の傲慢さが浮き彫りにされている。

実は、当時の地方新聞「鎮西日報」が長崎歴史文化博物館に残されている。当然、第二回総選挙の様子については逐一報道されているはずであるが、何分吏党側の新聞である。当時の県議会で追及された出来事については、ほとんど触れられていないように見える。しかし、臭いものに蓋をしてもその臭気は漏れるものである。

では、長崎県議会の記録と「鎮西日報《ちんぜいにっぽう》」の記事をたよりにして、消し去られた長崎県における大選挙干渉を復元してみよう。

まず、明治二五年二月一一日付けの「鎮西日報」を見ると、民党側を激党、吏党側を温派と呼び、激党三分（三割）、温派七分（七割）と分析し、「長崎県はこれまで激党の手回しが抜目なく何かにつけて民心の篭絡を事としていたので、今回の選挙でも、すこぶる出足が良かったようであるが、最初篭絡された人も、激党の策略を見破り、温派の中正着実に賛同する様子であるので、前回の選挙とは比べられない。特に温派の勢力が盛んな選挙区は第一区と四区である。」と解説している。

一三日の記事には、『亀岳村の分裂』と題して「西彼杵郡亀岳村は久しく第一区自称民党の巣窟と聞えているが、同地にも民党の非理を解するものが現われてきた。ここに於いて、民党派は絶交を以て迫ったり、暴力をもって脅したりしている。去る九日、午後四時から同村風早郷の山浦峰蔵方で同志会（温派）の懇親会を催したところ来会者が五〇余名に達した。会主は古田吉平、楠本清三郎、島田治作諸氏にして開会後諸氏の演説があった。拍手喝采屋外に響いた。ところが民党の末流と思しき者共が右懇親会を嫉み、如何にしても此れを妨げんと欲し、会主等に口論を仕掛け、或は遠方からの来会者を待ち受け、多くの人が訳が分らないままに近くの某氏宅に集められたという。兎に角、来会者を路に擁するなどの手段は卑劣なる事驚く外はない」と一区の様子を報じている。

この事件と同じものと思われるが、県議会では次のように取り上げられている。

「西彼杵郡亀岳村では、二月一〇日朝、暴漢七名が来て、村長、助役、朝山県会議員宅に侵入し、乱暴狼藉を働き、村長を殴打した。ちょうど、時津分署長と五名の巡査が出張して来ていたので訴えたところ『昼飯も終っていないので空腹で暴徒を取り押さえることが出来ない』と放言して何の処置もとらなかった」と議員から追及されている。

どうも、吏党派の演説会と関係があるのではないかと思うが、西彼杵郡長浦村では、「二月一〇日に悪漢無頼の徒が長浦村の旅人宿に泊り、翌日村役場で選挙人に対して乱暴狼藉を働き脅迫したのに居合わせた巡査は、そのまま放置し、暫くしてから悪漢と小声で話し合った後、他所へ去らせた」これは警察の職務怠慢ではないかと追及されている。

また、警察の行動が不審であると追及されたのは、公費外による多数の警察官の出張であった。「鎮西日報」では、「選挙日前日、壮士二〇名が凶器を蓆に包み時津地方に向った」と報じ、その後を追うように長崎警察署長嘉悦警部が、一五日の午前二時に巡査一〇余名を率いて亀岳村に急行出張したと報じている。

県議会では警部が巡査四〇名余りも率いて汽船を借り切って村松村へ出張しているが、費用の計上が無く、何のための出張かと追及され、さらに、村松村の自証寺投票所では、一見無頼漢のような壮士二〇余名が来て、有権者に乱暴狼藉を働いたというが、その時、一人の巡査も居なかったということはどういうことかと詰め寄られている。

これに対する県側の答弁はしどろもどろの不得要領で、何も分らない、選挙干渉は無かったと繰り返すばかりであった。

「鎮西日報」では、第二回総選挙の総括として「今回の総選挙において競争熱度の最も熱烈なりしは佐賀県にして、憲兵の出張は各府県その例あれども兵隊が出動したのは佐賀県だけである。次は福岡県で発砲して激戦したのは、これも又有数の熱度というべし。熊本は激戦の予定地なりしも今回は余り死傷者も多からず、まずは九州では三番目くらいであろう。次は鹿児島で死傷も少なからず、鹿児島は従来政治上の競争では、今回のような死傷者を出したことなし。次は大分県にてその次は長崎県であろう。宮崎県は新聞紙上では目覚ましかったが壮士隊伍を組んで激闘したことは見受けなかった。長崎県も同様で僅々一二の地方で混雑位はありしも格別のことはなかった」とあくまでも悠々としている。

しかし、確かに死者は出ていないが、一区でも瞥見するように、確かに見過ごせない選挙干渉は行われていた。もともと、有権者が少なく、無風地帯であった第六区の対馬を除いては、各選挙区とも激しい運動が行われ、露骨な干渉が行われた。

そこで各選挙区での干渉の様子を幾つか挙げてみよう。

第二選挙区では、民党が前議員の朝長慎三で、吏党が諫早・北高来を地盤とする高柳信昌であった。まず、「鎮西日報」の報道であるが、早岐及佐世保に於ける自称民党の親睦会と題して「第二区旧代議士朝長慎三氏は去る四日早岐に於いて自己が国会における功績を十百倍して吹聴し、再選挙せられんことを希望し、其の旨を演説せんと親睦会を催せしも当地の選挙有権者、何れもひそかに冷笑し来会せざるにより、佐世保に至り直また親睦会を催すの企を為すせしが、周旋人の御蔭を以て幸に数十人の来会者を得たという。ここで可笑しいことには、饗応に招かれたものの会費四〇銭を募られたことで、これで何れも顔を見合わせて興醒め顔にてコソコソと引払った」と揶揄している。

県議会の審議では、「大村警察署巡査田中某が選挙前一、二週間も彼杵に来て、平服で選挙人に接し『民党は破壊主義なり同意すべからず。吏党は上人なり吏党に入札せよ』と呼びかけ、金銭まで遣って遊説していた。二月一五日には田中某巡査が官服を着し洋刀を下げ選挙場（自分の管区外）の取締りに当たり、この時『署長の命令か』と、尋ねたら『署中《ママ》休暇を取って来ている。免職は覚悟なり』と答えたという。ところが、其の後、この巡査は佐世保分署の部長に栄転している、これはどういうことか」詰め寄られている。

また、第二区でもとも激しく追及されたのは、東彼杵郡での投糞事件であった。当時、県議会は、県が執行する予算の審議を行うのが主たる権限であったから、事件の内容とか真相に迫るような質問をすると、「報告を受けていないから、知らない。そんな事実は無かった筈である」というほかに、「予算に関係が無いから答える必要は無い」と突っぱねられることが多かった。当然、御用新聞であった「鎮西日報」に取り上げられる筈も無く、真相が闇に葬られることが多かった。（残念なことに筆者は、民党側の『長崎新報』を見ていないので、県議会の審議の一端しか報告することが出来ない）

投糞事件も、東彼杵郡のどこ村で、いつ発生したのか、審議の中では明らかになっていないが、選挙のための集会中に多数の暴徒がやって来て、民衆に糞汁を投げつけたり、民党に属する人の家々に大量の糞汁を投げ込んで回った。ところが、巡査が一人やってきただけで「このままでは手が付けられないから大村の本署まで行って来るから待っておれ」と言ったまま、待てど暮らせど音沙汰がなく、警察は全く動かなかった。

県議会では、この投糞事件に係わって大田黒、松田、堀池三人の警察官の行動と県の対応に対して不信感が表明された。三人は、選挙の五日前二月一〇日に長崎県負担の巡査を辞職し、一二日には国負担の巡査として梅香崎《うめがさき》警察署に採用された。

その後、三人は選挙運動に没頭し、堀池に至っては「我輩自由党の外面民力休養を飾ひ内心売国の形跡あるを知る。吾輩は如此国賊と語を同ふするを恥ず。爰に断然袂を振って同党の関係を断ち旧鶴鳴会の主意に左祖し従来一定変心なきを契ふ。依て左に押印す。明治二五年一月」という文書を持ち歩き、これに調印せよと迫って廻った。

三人は、第二選挙区の大村で、本務である警察の仕事を放棄して選挙運動に没頭し、放火事件や投糞事件に関わったとされている。総選挙後には吏党の大会に福岡まで出向き、さらに堀池は、当選した稲田又左衛門を護衛随行して東京に行っている。

松田、大田黒の二人は六月一二日に放火・投糞事件の嫌疑で拘引されると、直ちに病気退職をし、無罪となると、七月一五日には復職をした。

この三人の行動に対して追及すると、虚弱病だったが全快したので復職させたとか、これらは、予算に関係がないから答える必要は無いなどと、全く受け付けなかった。

第三、第四選挙区でも、接戦となり、官、特に警察による選挙干渉が甚だしかった。

第三選挙区である南高北有馬村では、民党の運動人が一有権者を籠に乗せて連れて来たところ、巡査数名が弁明も聞かず十数時間駐在所に拘置した。一方、吏党の暴漢数名が選挙人等を河原に連れて行き動かさなかった。これを東有家《ひがしありえ》分署に訴えて保護を求めたが、巡査は、何彼と口実を設けて、全く対応しようとしなかった

第四選挙区でも、駐在巡査が有権者宅を各戸訪問して誘説して廻ったり、暴漢が、民党派宅に入り込み「汝は急進党なり。故に汝の首を取る、汝は首を取られるか、吏党に組するかどうだ」と脅迫され、折から通行中のほかの巡査に訴えても取り合ってもらえなかった、などの事例が出されている。

このほか、選挙干渉の事例は枚挙に暇が無いほど議会の発言質問で明らかにされたが、県や警察側では、そのような事実はない、とか予算の審議には関係が無いから答える必要が無いなどと、けんもほろろの対応であった。

特に警察官の行動が問題となり「政党の集会所となった巡査駐在所は不要だから廃止せよ」とか「サーベルは、人民を脅迫するだけに用いられているから、廃止して棍棒に替えよ」「総選挙の時には、休暇を取ったから私人であると、選挙運動をしてまわった多数の警察官がいたので、警察官がよほど余っているでのあろう。大量の減員が必要である」などと、警察に対する批判が噴出した。

これに対し、当時の中野知事を始め県の当局者は、選挙干渉に関しては言を左右にして全く答えようとせず、あまつさえ、このことに関する記録を全て廃棄してしまったのである。

これが、長崎県では『大選挙干渉』が行われなかったとの根拠となっていたが、「長崎県議会史」

の編纂者の努力で、消された歴史が甦ったのである。

さて、この選挙干渉により、冒頭に述べたとおり、長崎県では、吏党側の大勝利に帰した。

「鎮西日報」には、その選挙の投票数が報じられているので、煩を厭わず載せてみよう。

第一区	当選	松田源五郎	二二三票
	当選	稲田又左衛門	一九八票
	次点	富永隼太	一七〇票
		家永芳彦	一六三票
		松尾巳代治	一票
		田崎周五郎	一票
		志田兵作	一票
		朝山友斉	一票
第二区	当選	朝長慎三	六二二票
	次点	高柳信昌	五三五票
第三区	当選	牧　朴真	三二二票
	次点	志波三九郎	三一七票
第四区	当選	立石寛司	三七七票
	次点	佐々澄治	三三〇票
第五区	当選	大坪利晋	
第六区	当選	川本　達	一一票
	次点	相良正樹	一〇票
		島村成達	一〇票

富永隼太は、第二回目の衆議院議員総選挙で、露骨な選挙干渉により、同じ自由党の家永芳彦とともに落選してしまった。当時の長崎県では「選挙干渉など無かった」と強弁し、「鎮西日報」は、「長

崎県では平穏で、あっても（選挙干渉は）ささやかものであった」と言い繕っているが、投票結果をみると、干渉のあとは歴然たるものであったということができる。

落選した隼太は、志波三九郎とともに、一一月の県会議員選挙で県会に復帰し、常置委員（県議会の幹部議員）として、三九郎は議長として予算査定の面から県や警察の選挙干渉について厳しく追及した。

残念なことに、このことは、闇に葬られて誰も知ることができなかったのである。

さて、中央政界では、不平等条約改正問題で紛糾を重ね、明治二六年一二月に突然抜打ち解散が行なわれた。翌二七年三月に三回目の総選挙が行なわれた。富永隼太も再び県会議員を辞職し、選挙に打って出た。

七　隼太、国会に帰り咲く

自由民権運動は、明治政府の強権的な弾圧のもとに押しつぶされてしまったかのように見える。しかし、国民を懐柔するために、止むを得ず開設した国会＝衆議院においては、政府に批判的な民党派が、選挙の都度勝利をおさめていた。

歴史に残る大愚挙、大選挙干渉を行っても、明治政府は、勝利することができず、国会審議で追詰められ、再び国会を解散し、三度目の総選挙が行われることになった。隼太と三九郎は、県議会議員を辞し、三たび出馬することになった。

例によって「鎮西日報」の記事を見てみよう。

『長崎県下自由党の候補者』という題で、「第六区の対馬は自由党の管外であるので、これをぬきにして考えると、第一区の家永、富永氏と第五区の宮崎氏は前々代議士で、共に前の総選挙で失敗しているので、機会があれば会稽の恥をすすごうと、出馬するであろう。第三区の志波氏は前二回とも牧氏ときわどい勝負で負けているので、これも、候補者になることは間違いない。二区と四区は立候補者が決定していないようである。」とある。二区ではこれまでの朝長慎三が大村出身であるので、今回は諫早・北高から出すのではあるまいかということで、四区は、立石寛司が、つい先ごろ、つまり明治二七年一月に東京で急死したことで、候補者は決っていないということであった。

さて、三回目の総選挙の投票日は、三月一日であった。さすがに今回は、露骨な選挙干渉が行われることはなかった。

選挙の結果は、予想されたとおりであったが、驚くべきことには、投票数の変化であった。特に第一区における有権者の投票行動の変化は劇的、逆に言うと、前回の選挙干渉が如何に有権者の投票行動を制限していたかを知ることができる。

第一区　当選　家永芳彦　　三五六票　自由党（民党派）

	当選	富永隼太	三五二票	自由党（民党派）
	次点	松田源五郎	七票	中立（吏党派）
	次点	稲田又左衛門	七票	国民協会（吏党派）
第二区	当選	山口新一	八〇九票	自由党（民党派）国民協会の誤りか
第三区	当選	志波三九郎	三七六票	自由党（民党派）
	次点	牧　朴真	三三〇票	国民協会（吏党派）
第四区	当選	草刈武八郎	四四九票	自由党（民党派）
	次点	深江広太	三三五票	国民協会（吏党派）
第五区	当選	宮崎栄治	八〇票	自由党（民党派）
	次点	大坪利晋	一票	国民協会（吏党派）
第六区	当選	藤崎可讃	一四票	国民協会（吏党派）
	次点	番　辰雄	一三票	改進党（民党派）

このように、県民感情の表れであったのか、吏党派であった松田源五郎、稲田又左衛門、牧朴真、大坪利晋などが枕を並べて落選した。富永隼太、家永芳彦、宮崎栄治が返り咲き、隼太と同じ県会議員であった志波三九郎、草刈武八郎が当選し、いずれも自由党に属することになった。特に、松田源五郎・稲田又左衛門が七票、大坪利晋が一票というのは、露骨な選挙干渉が如何に有権者を反発させ

たかを窺い知ることができる。

なお、二区の山口新一が「鎮西日報」では自由党となっているが、これは誤報のようで吏党派の国民協会に属している。

このように吏党派は、山口新一（東彼・北高）、藤崎可賛（対馬）の二名だけとなり明治二五年の時とは逆転してしまった。もちろん、全国的にも民党の圧勝で、自由党は一二〇議席を占めることとなった。

再び衆議院に返り咲くことができた隼太は、よほど嬉しかったのであろう、選挙後に初めて開会された五月一二日の第六議会の当日、先頭を切って登院したのが富永隼太であった。明治二七年五月一三日発行の『小日本』（正岡子規編集）には「衆議院の光景如何を報せんに同院此日の先登第一は長崎県代議士富永隼太氏にして七時四五分早や已に腕車を馳せて登院し之に続くは千葉県代議士四宮有信氏なり夫より続て登院し午前九時頃には大概参集し了りたり（略）」とある。

この時の議会の主要な議題は、イギリスと進めていた条約改正であった。遅々として進まぬ交渉に業を煮やした世論は「対外強硬」に傾いていた。富永隼太も対外硬派の一人で外国との摩擦を心配する政府と鋭く対立していた。

外交を中心とする政府の施策は、ことごとく圧倒的多数を誇る野党（民党派）によって遮られ、行き詰まってしまった。万策尽きた明治政府、またもや僅か四ヶ月で衆議院の解散に打って出た。四回目の総選挙は、同じ年の二七年九月一日に投票が行われた。

その結果は、自由党の家永、富永、志波、草刈、宮崎が全て再選され、第二区の山口新一が革新党の芦塚省三に代り、第六区の藤崎可讃が落選して島村成達（無所属）が当選し、民党派の勢力がますます強くなった。なお、家永芳彦は当選後一二月二七日に議員を辞任（事情は不明）し、補欠選挙の結果、西彼杵郡長浦村の小川虎一が当選した。小川も自由党であった。

この後、明治薩長政府と民権派とのせめぎあいは、利権や地位、厳しい弾圧など、党の離合集散などを繰り返しながら複雑な様相を呈していく。特に、対外強硬論のように国権拡張・排外主義が叫ばれるようになると、国権と民権との垣根が曖昧となり、自由党の中でも分裂が繰り返されるようになった。

自由民権運動の衰退は、明治二七年八月に始まった日清戦争によって決定的になった。日清戦争は、好運にも明治二八年に日本勝利のうちに終結したが、これから後、日本は戦争に継ぐ戦争の時代へと突き進むことになっていく。

さて、明治三〇（一八九七）年には、板垣退助率いる自由党と大隈重信の改進党などと団結して、松方内閣の不信任案を可決した。結果は、衆議院の解散。翌三一年三月一五日には第五回衆議院総選挙である。

この時には、長崎市からの立候補者がなく、第一区は富永隼太と同じ西彼杵郡の小川虎一が当選した。三区は志波三九郎、四区草刈武八郎、五区宮崎栄治は変わりなく自由党で、二区の今村千代太は進歩党（後に改進党と改称）で六区は多田通、吏党派の国民協会であった。なお、一区では棄権者が続出し、一〇四名の有権者中投票者は僅か三〇名であったという。

こうして、長崎県同様、全国も野党（民党派）の大勝利に帰し、第三次伊藤内閣は総辞職し、待望の民党派による（この時、板垣自由党と大隈改進党は合併し、憲政党となった）大隈内閣が成立した。日本初の政党内閣である大隈内閣は、民意を問うべく、八月一日に総選挙を実施した。

この第六回目総選挙の結果は、憲政党側二六〇名、吏党派の国民協会が二〇名、無所属二〇名となって、国民の意思の向う所は、まだまだ、藩閥否定、民権受け入れであったことを示している。

長崎県でも一区は富永隼太、二区、今村千代太、四区、草刈武八郎、五区、宮崎栄治、六区、多田通は変わりがなかった。一区に於けるあと一名は、長崎市から立候補した浅田次郎（浅田は翌年一一月に病死し、補欠選挙で松尾巳代治が当選し、憲政党に属した）で、三区は、志波に代わって臼井哲夫が選ばれている。

なお、一区の小川虎一は、県議会史には「事故により退く」とあることから、体調かあるいは何らかの事情で、出馬しなかったのであろう。虎一は、その後、明治三七年から黒崎村村長、長浦村村長などを務めている。また、志波三九郎は、第六回総選挙の直前、七月一七日に石川県知事に任命され、その後、静岡県知事、秋田県知事を歴任している。

閑話休題。ようやくたどり着いた政党内閣である大隈内閣も、一〇月にはそれを支える憲政党が分裂し、僅か四ヶ月で総辞職することになった。

憲政党は、自由党系のいわゆる憲政党、それから大隈重信の進歩党系の憲政本党とに別れた。長崎県選出議員の中では富永隼太ほか三名が憲政党に残り、今村千代太が憲政本党に加わった。この政党の離合集散は、前に述べたように、日本が日清戦争に勝利し、帝国主義の牙をむきだすようになってから激しくなってきた。明治新政府への抵抗勢力としての精神は失われ、ややもすると、権力の側に取り込まれる政治家が多くなってきた。

緊張する対外政策に反対しづらくなってきたこともあり、僅かな瞬間ではあるが選挙に勝利したことで『政府』という権力を手中にし、その旨味を味わったこともあったのであろう。この頃になると対立の軸がぶれてきたことにより、権力の餌につられて離合集散を繰り返すようになったのであろう。

富永隼太は、温厚ではあったが、頑固な一面も持っていた人物であったように思われる。明治三一（一八九八）年一一月一三日、憲政党が分裂した時には、まだ四一歳の若さであった。たった八年の間に六回の激しい総選挙の洗礼を受け、五回勝ち抜いてきた。最後の一回を除いて、民党（野党）の自由党員として選挙を戦ってきた。

分裂した時も自由党系の一員として憲政党に残り、野党の道を歩んだ。しかし、百鬼夜行の政治世界は、隼太個人の思惑を超えて流動していた。

薩長藩閥の星、伊藤博文は、己の政治権力の基盤を固めようと、憲政党の分裂を利用して、立憲政友会を組織して憲政党を取り込んでしまった。雪崩現象を起して巨大化した政友会は、明治三三（一九〇〇）年一〇月に第四次伊藤内閣を成立させた。こうして、富永隼太は、何時の間にか与党の中に取り込まれてしまったのである。

八　富永隼太の退場（第七回衆議院総選挙）

富永隼太最後の総選挙は、明治三五（一九〇二）年八月に行われた第七回衆議院総選挙である。今回の選挙から選挙区が改正されていた。長崎県は三区に分けられ、長崎市（市区）と対馬（島区）がそれぞれ一選挙区で一人ずつ、その他（郡区）は、大選挙区としてまとめられ、定員が六人となった。これまで以上に広い選挙区で、多くの候補者と切磋しなければならなくなった。

「井戸塀の政治家」とは、よく言われる言葉であるが、この時代の政治家の姿を言い表したものである。接待自由で、応援する人たちには、しっかりと飲ませ食わせしなければならない。しかも、繰り返される激しい選挙。選挙費用は、全て自分の懐から出さなければならない。とりたててしっかりしたバックがない候補者は、見る見るうちに先祖からの財産を食いつぶしていった。

しっかりと権力に取り入って、汚職に励まなければ、身の破滅は必然であった。

『汚職云々……』は、失言であるが、取り消す気持ちもないので、そのまま先に進むことにするが、ともあれ、もうこの時代になると薩長という対立軸も曖昧になってしまっていた。権謀術数に長けた伊藤博文が反権力の象徴のような自由党を取り込んで立憲政友会を組織し、一大政党が出現させた。

『明治四十年史』には党首伊藤と党員の関係を「政友会に投ぜる党員なるものは多くこれ天下の批難する所に馴れたる自由党員にして其入党の目的は少なくとも伊藤の地位と権勢とを以てして政権に接

近し得べき捷径たるを妄想したるのみの結果ならんのみ。伊藤の政友会は其創立の当初に於て相矛盾したる党首と党員を有せるに注目せざるべからざる也」と述べている。

明治三五年八月の第七回総選挙は、争点が曖昧なままに選挙戦に突入することになったが、郡部では定員が複数の大選挙区であったから、地域間の競争が激しくなっていった。

長崎県の郡部の定員は六名。富永隼太は西彼杵郡からの出馬であったから、西彼杵郡での得票は四九三票で断然一位であった。しかし、隼太にとって運が悪かったのは投票日の八月一〇日に台風が襲来し、選挙が暴風雨の中で行われたことであった。有権者一、一三三名のうち、投票したのは七六八名で、棄権者が続出した。

隼太の他郡での獲得票は、東彼杵郡の二六票のみで、計五一九票の八位であった。

郡部区の、最高得票者は中倉万次郎で一、〇二六票、得票の殆んどが出身郡の北松浦郡であった。二位は南高来郡の植木元太郎で八二二票を南高来郡（五六六）と壱岐（二五六）から獲得した。三位は東彼杵郡の島津良知で八二一票。東彼から六六二、佐世保一〇三、壱岐五六であった。四位は北高来郡の西村規矩で七六二票、五位北松浦郡の古川黄一の七二四票、六位宮崎栄治五七〇票南松浦郡であった。

改正選挙法は単記無記名で、政府も始めて中立を守り、公正な選挙が行われたと評価されているが、政策で争うよりも地域間での競争という別の意味での弊害も生れてきた。富永隼太が西彼杵郡で圧倒的に得票を重ねてきたのも、西彼《せいひ》代表という意味合いもあったのであろうが、矢上地区や茂木地区からの票が、北高来郡の西村規矩へ一四〇票も流れたのは、これらの地区が地理的に長崎市に隔てられ、かえって北高来郡に近いということも作用していたのであろう。「鎮西日報」での報道では矢上村の有力者「牟田氏の如きは現に身政友側の一人として、然も公然非政友派たる西村氏のために一臂の労を敢えてするを辞せざる如きを以て西村氏の衆望の帰する処如何に侮り易からざる可きかを知るべし」と、富永隼太の苦戦を予測している。

第七回総選挙での敗戦は、富永隼太の政治生命を奪ってしまった。落選した国会議員はただの人、いや、当時はそれ以下になってしまうのであった。度重なる激しい選挙戦。さして豊かでもない富永隼太の財産は見る見るうちに減少していった。そうしてとどめを差したのが明治三五年総選挙の落選であった。

富永隼太は、二度と再び国政の舞台に戻ることはなかった。

九　隼太の晩年

全てを失った隼太にとって故郷雪の浦の人々は温かかった。明治三八（一九〇五）年から三年間と、二度目は明治四四（一九一一）年から大正四（一九一五）年までの四年間、あわせて七年間を、村民は隼太を村長として受け入れてくれたのであった。

現在、雪の浦小学校運動場の片隅に富永家屋敷跡の記念碑が建っている。明治六年に創立された当

「富永氏館趾」碑（西海市立雪の浦小学校）

時の小学校は、富永屋敷の東隣であった。就学児童の増加により大正三年に富永邸を買い受けて敷地を増し、校舎の増築に取り掛かった。この増築を行った村長が富永隼太自身であった。

　隼太の後裔である森川英正は、「晩年の祖父は雪の浦の館にあって村の童を相手に落日の角力灘に弓弦を引いていたという」と書いているが、小学校増築の村長時代の姿であったのかも知れない。

　別の資料によると、落選後の金銭的な困窮は、村長時代も続いていたようで「学校の敷地造成のために別に家を建てて住んだが、金銭的に困り、田畑や宝物を売っていたようである。妻は長浦の尾戸の出身であるので、子供を連れて実家に帰った」と書いている。子供は静夫（市役所）、和男（一男　教師）、おたま、おはな、おなつ（森川英正氏の母）、おつなの二男四女と書いているので、出典は不明であるがほぼ間違いはないと思われる。

なお、隼太の妻は、尾戸（長崎市琴海町尾戸）の出身であるならば、幕末大村藩の家老であった針尾九左衛門（児玉勝納）の娘である可能性は高い。

隼太は、雪の浦村村長を務めた後、大村神社の宮司に招かれて大村に移り、余生を送った。

なお、どこの市役所か分らないが、市役所に勤めていた長男の静夫は、後に荘清次郎の計らいによって三菱傘下の「旭硝子株式会社」に勤めることになった。

従兄弟同士の富永隼太と荘清次郎は、ともに幼い頃父を失った。しかし、明治維新以後の二人の人生は大きく離れてしまった。故郷大村に居る場所を失った清次郎は上京し商業の道に進み、大三菱を支えるまでに成長した。

一方、隼太は、故郷雪の浦に留まり、故郷の人々に支えられ、政治の道を突き進んだ。

隼太は巨大な薩長藩閥の権力に対し果敢に「自由民権」で挑んだが、刀折れ矢尽きてしまった。

二人は奇しくも共に昭和元年に亡くなった。隼太六九歳、清次郎六四歳であった。今日、我が長崎において、隼太・清次郎二人の活躍を知る人は誰もいない。まして、幕末に大村藩を代表して活躍し、「明治」を目前にして裏切られ、陥れられ、追い詰められて自殺した荘新右衛門の悲劇を語る人は誰もいない。

第三章　まじめ人間『長崎七兵衛物語』

一　七兵衛を語るにあたって

よく「明治維新は、下級武士たちの力によって成し遂げられた」と言われる。しかし、多くの下級武士がすべて勤皇の志士であったわけではない。

本書の主人公『長崎七兵衛』は、西国の小藩、肥前大村藩二万七千石に仕える武士であった。その禄高は僅か十一石二斗五升で、極々《ごくごく》軽輩の藩士であった。彼は、尊皇攘夷運動に走ることもなく、殿様のお供で江戸とふるさとと大村を行き来する日々を過していた。

彼は、「長崎七兵衛履歴」（西海市大瀬戸歴史民俗資料館蔵）という虫食いだらけの小冊子を残していなければ、その存在さえも忘れ去られてしまう無名の人物である。

そのような人物を、あえて紹介する理由は、幕末から明治にかけて時代の激流に流されながら、成功することもなく、さりとて没落してホームレスになることもなく、黙々と生き抜いてきた圧倒的多数の下級武士の一員であることによる。

七兵衛が書き残した「履歴書」を読めば、多くの下級武士たちが、成功したか、否かは別として、どのような考え方で、どのような生き方をしてきたのか、その一端を知ることができる。

七兵衛の生き方には、時勢を慷慨し、女を愛し、美酒を含み、刀刃の中をくぐり抜けてきた志士たちのような面白さは無い。しかし、七兵衛には、妻や子を愛し、職場（彼の場合は大村藩）を愛し、上司や同僚に信頼されてきた確かな生き方があった。
幕末から明治にかけて、社会の大変動の中、多くの武士たちがどのように思い考え生き抜いてきたのかを、「七兵衛の物語」から読み取って欲しいと願っている。

二　長崎七兵衛の生い立ち

さて『長崎』と言うと、戦国時代の長崎開港で有名な長崎の領主「長崎甚左衛門」とどのような関わりがあるのかが気になる。ただ、長崎甚左衛門は男子を儲けておらず、直系の子孫は残さなかった。それで七兵衛が、甚左衛門と血統的なつながりを持つ子孫では無いが、ともかく、「長崎」と冠するからには、いわゆる『長崎家』の末裔であることは疑いない。

甚左衛門の後、長崎家は、弟の惣兵衛に受け継がれた。惣兵衛は、戸町家《とまちけ》に養子として入っていたが、長崎家に戻り、大村藩に仕えた。幕末ともなると惣兵衛を祖とする長崎家は、本家・分家と枝分かれし、いくつもの「長崎氏」がいた。大村郷村記によると長崎氏で最も禄高が多いのは「長崎文四郎」で、城下の久原や池田、その他千綿村にも知行地を持つ、六五石取りの中級の藩士であった。

我等が長崎七兵衛は、文久二（一八六二）年に刊行された大村郷村記にも、「長崎平蔵」として時津村（現在、長崎県西彼杵郡時津町）に十石の知行地を持つ藩士として記録されている。

文久二（一八六二）年、まだ平蔵と名乗っていた頃は、三七歳、祐筆として藩主のお側近くで仕えていた。十石取り（屋敷地一石二斗五升を加えて禄高十一石二斗五升）の軽輩の身で、分家である七兵衛長崎家が代々祐筆を務めていたかは不明であるが、文政一〇（一八二七）年、二歳の時に父を失い、直ちに長崎家を継ぎ、普請組に入れられた。普請組とは、無役ということで、藩士としての仕事は特に何もなかった。幼少の常太郎（平蔵の幼名）には、学ぶこと以外に仕事は、何もなかったのであろう。

天保一〇（一八三九）年、一四歳で元服をし、藩主純顕《すみあき》に初御目見えを済ませた。この時に常太郎から平蔵に改めた。いよいよ、大人の仲間入りである。正式に大村藩士となったのである。天保一三（一八四二）年、一七歳になると城内の広間番入を命じられ、その半年後、祐筆見習となった。よほど平蔵（七兵衛）の勤めぶりが良かったのだろうか、翌年、江戸勤務を命じられた。江戸勤務は三年間。若い平蔵にとっては、うきうきするような毎日ではなかったではなかろうか。

まじめ人間平蔵（七兵衛）は、花のお江戸の誘惑にも負けることなく、成田の不動さんや、鹿島明神に参詣したくらいで、無事に帰途についた。ふるさと大村で彼の人生を左右する大きな出来事が待っているとはつゆ知らず、のんびりと伊勢神宮に参拝した。二見が浦から朝熊に立ち寄り、三輪や奈良を参拝して、大村に帰着したのが、弘化二（一八四五）年一一月一二日のことであった。

懐かしの我が家に帰ってみたら、母親をはじめ親戚一同が待ち受けていて、うむを言わさず、その日のうちに結婚式。新郎平蔵二〇歳、新婦おテイは一七歳であった。

二人ははじめてその日に出会ったのか、以前から知り合っていたのか、長崎七兵衛の履歴書には何も書いてはいないが、なんとも慌しい嫁取りである。しかし、この『瞬間出会』の結婚でも二人は、それから五六年、妻貞《テイ》が病で亡くなるまで仲良く添い遂げたのであった。

三　まじめで元気、気配りの平蔵（七兵衛）

うれし楽しい新婚生活は二年間。弘化四（一八四七）年六月に中小姓祐筆となり、八月には二度目の出府を命じられた。実は、彼の履歴書には書いていないが、あえて、「自分には関係ない」と記さなかったかも知れないが、この年の二月に藩主の交代があった。

天保七（一八三六）年に一五歳で大村藩主となった純顕は、名君たらんと努力したが、生来の病弱のため、二五歳の若さで弘化四年二月、やむなく八歳年下の弟純熈《すみひろ》に封を譲って隠居したのである。

長崎に隣接する大村藩では、長崎警備の重責を担っていた。参勤交代での出発・帰着の時には、藩主は必ず長崎に出かけ、長崎奉行に挨拶するしきたりになっていた。また、オランダ船が来航・帰航するときにも必ず長崎に出張して立ち会わなくてはならなかった。ましてや入港することが認められていない異国船が来航した場合には、藩主は、軍勢を率いて出陣しなければならなかった。

このように大村藩主には、心身ともに健全であることが要求されていた。

この藩主交替の頃の藩主たちの動向をみると、新藩主となった純熈が四月二四日に江戸から帰り、二六日に入城した。前藩主の純顕は、二七日に江戸から大村に帰って来ると、そのまま、新しく用意された隠宅に直行している。（中尾静摩の日記より）

平蔵（七兵衛）は、このあたりのことは全く記さず、九月六日に公子《こうし》大蔵君《おおくらきみ》（純顕や純熙の弟で栄純、十代藩主純昌の九男）のお供をして江戸に向けて出立したとだけ書いている。

七兵衛は、よほどまじめにしっかりとお供をしたのであろう。品川の宿まで来ると大蔵君から綿入れを頂き、江戸屋敷に着くとさらに金子《きんす》を頂いている。

二度目の江戸勤めでは、平蔵（七兵衛）のまじめで気配りのきいた人柄が認められたのであろう。藩主純熙の妹？姉？（純熙は、この年一七歳であったから、その前後と考えられる）の咸姫《しげひめ》の婚礼用掛を勤めた。また更に、その年が明けると嘉永元（一八四八）年五月、将軍家慶の御台所《みだいどころ》が逝去したので、使者を勤めて老中にお悔やみを申上げた。

これについては、藩主が国許にいる時には、国許から使者を出すしきたりであったが、実際は、江戸詰の藩士が、国許から遣わされたということにして老中へ罷り出ることになっていた。あまり愉快でもない堅苦しい使いを、軽輩の身でありながら、「うってつけ」と押し付けられたものであろうか。

江戸在勤三年で、純熙公のお国帰りにお供して、嘉永二（一八四九）年三月九日、江戸を出発し、藩主帰藩のときのしきたりである長崎巡視までお供をして、四月一四日に大村に帰った。なお、藩主純熙は、前年九月に参勤して江戸に来ていたものである。

愛妻貞との楽しい語らいも僅か一年、嘉永三（一八五〇）年、藩主の参勤交代のお供で、三度目の江戸行きであった。一〇月に大村を出発している。

江戸に着いてみると、大村藩江戸屋敷の勤務者の数が少ないということで、急遽、江戸留守詰を命じられた。

嘉永四（一八五一）年の三月には、参府してきた国使者ということにして江戸城に上り、方物《ほうもつ》（土産品）を献上している。藩主純熈は、その翌四月には江戸を出発して帰国の途についた。

平蔵（七兵衛）の江戸勤務での大仕事は、九月の咸姫再婚の任務であった。咸姫は弘化四（一八四七）年に上州小幡藩主（二万石）松平大蔵少輔忠恕と結婚したが、何時、どういう理由か分らないが離縁となっていた。今度は、摂津三田藩主（三万六千石）九鬼長門守精隆と再婚することになった。前の結婚から僅か三年足らずのことで、今度も平蔵（七兵衛）が婚礼用掛を勤めたのであった。

江戸勤めおよそ一年半、任期満了となって帰郷を許され、今度は気楽な一人旅。二月一六日に江戸を出発し、三河の八橋、滋賀の三井寺、京都の北野天満宮などを参詣して廻りながら帰国の旅を続けた。大坂からは、船に乗り讃岐の金毘羅さんに参詣し、閏二月一七日、無事帰藩したのであった。

このようにあちらこちらぶらぶらと観光気分の旅を続けているように見えるが、生真面目な平蔵（七兵衛）のこと、これでも一ヶ月ほどの速さで、藩で決められた通路にしたがって歩いていたのである。よほど足が速かったのであろう。

平蔵の在府中は、世の中の動きにも関心があったのか、鎌倉や浦賀、金沢（現在の横浜市）辺りを巡っている。

まじめで頑健な―きっと頑健であったのだろう―平蔵（七兵衛）にとって、これからが彼の人生のハイライトで、西に東に飛びまわり、藩主純熈公、ひょっとすると藩庁、執政のご家老から重用、悪く言うと、便利使いされている。

しかし、平蔵（七兵衛）にとって少しも苦にはならなかったようで、その東奔西走ぶりを、まじめにきちんと記録している。そこで彼の意とするところにあわせて、マジメに仕事振りを紹介してみよう。

三度目の出府から帰ってきたから半年、九月二六日に殿様（藩主）の参勤交代にお供して大村を出発、一一月八日に江戸に着いた。

翌嘉永六（一八五三）年二月、公子大蔵君が和泉高取の植村家に養子に行くことが急に決まり、またまた、その用掛を勤めた。三月には、藩主帰藩の際、日光参詣を行ったので、留守居の稲田隼人《はやと》（九十石）に属して、日光に先行して万事を整え、藩主の到着を待った。

日光からそのまま帰藩の途につき、四月二八日には大村に帰った。平蔵（七兵衛）の素晴らしいことは、この忙しい中で寸暇を見つけて名所見物に励んでいることである。

日光で藩主到着を待つ間、「諸所を見物す」とか、帰りのお供をしながらも「途次城州（山城国）宇治見物す」とか、見物してまわりしっかりと書き込んでいる。

この嘉永六年という年は、ペリー来航の年である。長崎にはロシアのプチャーチンが来航し、大騒ぎであった。平蔵（七兵衛）は、藩主のお供をして長崎往復を数回したと書いている。

平蔵（七兵衛）は、ロシアの黒船騒ぎが終った嘉永七（安政元年一八五四）年には、本来の任務である祐筆の仕事に戻り、御朱印取調用掛を命じられ、翌安政二（一八五五）年には書物方を命じられている。平蔵（七兵衛）、まだ三〇歳。世の中は、とんでもない騒ぎに突き進みつつあったが、平蔵は、妻おテイとの落ち着いた日々をようやく取り戻していた。

安政三（一八五六）年には、念願の新居を上鈴田村（現在の大村市鈴田）に建てることが出来、おテイを喜ばせた。七月一五日には、藩公のおぼえもめでたく小姓席に昇進し、周りを驚かせた。

実は、これから大村藩にとっても、又、藩主純熙公にとっても、重要な案件が次から次へと降りかかってくるが、下級藩士である平蔵（七兵衛）などにとっては、まったくかかわりのない出来事でしかなかった。

平蔵（七兵衛）は、この年の七月にオランダ船が長崎に入港すると、純熙に随行して長崎往復し、その後、参勤交代のお供をして一一月二日に大村を出発し、早くも一二月一〇日には江戸に着いている。

純熙公は翌年四月には帰国したが、平蔵（七兵衛）は、そのまま江戸勤務。在府一年ほどで安政四（一八五七）年一一月に木曽路経由で帰国した。

平蔵（七兵衛）は、安政五（一八五八）年から六年にかけての出来事を、大村城下の久原に屋敷を賜ったとか、ご朱印を江戸まで持参したとか、個人的なことを書き連ねている。

しかし、この間に大村領戸町村を外国人居留地造成のために上地するとか、開国により長崎港に外国船が多数出入りし、幕府（長崎奉行）も隣接する大村藩もその対応に追われるなどおおわらわであった。

純熙公は、安政五年九月に参勤交代で大村を出発し、江戸に着いたら、将軍代替で、江戸城に登城し、翌六年四月、大村に戻ってきた。大村藩主の参勤交代は、その後、万延元（一八六〇）年九月に大村を発し、文久元（一八六一）年四月に大村に戻ったのを最後に、江戸に上ることはなかった。幕府は参勤交代の制度を緩め、大村藩は、次には文久三（一八六三）年に参府すればよいことになっていたが、文久三年の五月に長崎奉行に任じられた。藩主がこれを請け難きを伝えると、幕府は、さらに長崎総奉行に任じ、参勤交代に及ばないことを伝えてきた。

元治元（一八六四）年に長崎総奉行も強いて辞職すると、参勤交代の義務が生じ、慶応元（一八六五）年三月に参勤の途についたが、四月に京都まで来たところで、第二次長州征伐が起り、幕府の指令で大村に戻った。

純熙公がふたたび上京の途についたのは、将軍慶喜が大政奉還して、世の中が混乱の極にあった慶応三（一八六七）年一二月二八日のことであった。上京の途次、鳥羽伏見の戦いがあって、まだ砲煙さめやらぬ正月一三日（慶応四年＝明治元年）に京に入り、一五日に天皇に拝謁し、大村藩は明治新政府側につくこととなった。

純熙は、今度は、新政府側から長崎総奉行に任じられ、九州鎮撫総督の澤宣嘉《さわのぶよし》とともに二月一四日に甲子丸《かつしまる》で長崎に入港した。

この慌しい時期にわれ等が長崎平蔵（七兵衛）はどうしていたか。

ところで、この幕末、勤皇か佐幕かで揺れ動く時代、坂本龍馬などに代表されるように、藩を飛び出し討幕運動に精をだす武士たちが多数いた。

大村藩でも、尊王攘夷運動の影響はかなり浸透し、脱藩して中央で活躍しようという動きもあり議論も交わされた。しかし、結局、大村藩からは一人の脱藩者を出すこともなく、明治維新を迎えたが、藩主純熈に勤皇の念が厚かったことや、藩政を取り仕切る家老たちが、若い藩士たちの意向を尊重したことが大きかった。

平蔵（七兵衛）にとっては、これらの動きは、雲の上の動きであり、彼にとっては、日々命じられる任務を忠実に果たすことが何よりも大切であった。

文久元（一八六一）年に藩主とともに帰郷してからは、筑前福岡藩へ使者となった家老に随行したり、長崎奉行に任じられた藩主とともに長崎に行ったりした。

なかでも、まじめ人間平蔵らしい任務は、元治元（一八六四）年に江戸勤務を命じられた時、江戸に帰る奥女中三人を伴って旅行したことである。

実は、文久二（一八六二）年一二月に幕府は、諸藩の妻子を江戸に留める人質政策の廃止を行った。そこで、大村藩ではさっそく文久三年の一月に藩主夫人一行を大村に迎えたのであった。それから一年、藩主夫人一行に随行してきた奥女中たちを江戸に帰すことになり、平蔵にその任が託された。元治元（一八六四）年正月に大村を出発し、小倉から船に乗ったところ、女中たちの船酔いが激しくとうとう我慢できず、尾道で上陸してしまった。

陸に上がったら女中たちは、元気回復し、伊勢参宮をしたり白子観音を参詣したりしてゆるゆると江戸に着いた。

江戸勤務一年、帰りもまた新規抱え入れ女中と迎えの女中の二人を連れての旅路であった。

平蔵の優しさは、次のようなエピソードによく現れている。江戸から帰ってきた平蔵に嬉しい知らせがあった。それは、元の所有地を安く買戻してよいという法令が藩から出されたことである。平蔵は、早速鈴田村と大村の水田、三ヶ所併せて五反四畝余りと山林四畝を買戻すことができた。平蔵は、このことを「是レ全ク　サタ女ノ力也」と、妻の遣り繰り上手を褒めて特筆している。

平蔵（七兵衛）が世の中の大きな動きと係わりもなく、身の回りのささやかな喜びに浸っていたところ、図らずも、明治維新の大激動の末端につながることとなる。

ここは、平蔵の記録を出来るだけ忠実に再現してみよう。

「慶応三年一一月。藩主純熈公は、朝廷からのお召しによって上京することになった。私もお供して道中の宿割を命じられた。一二月二八日大村の本町波止から借用した蒸気船に乗組み出船し、面高村の港で越年した。君公は、陸地を微行して筑前若松港で帆前船を借用して乗船した。慶応四年（明治と改元）正月一〇日晩兵庫に着船した。君公の船は八日に着岸していたが、この月の三日、鳥羽街道で官賊兵端を開いた。一一日、君公は兵庫を発駕したが、自分は宿割として先に出発した。一三日に京都に着き、一条通り千本東ニ入大超寺に宿陣することになった。

一月二八日、君公は長崎表取締の命を受け、二九日京都を出発。大阪で九州鎮撫総督沢氏と待ち合わせをした。二月六日に一同は佐賀藩の蒸気船に乗込み、一四日に長崎着港。

そのまま、長崎滞在。三月二日に大村に帰城した。

付け加え、在京中に蓄髪勝手次第の令が出たので直ちに蓄髪した」

平蔵（七兵衛）にとっては、振って沸いたような明治維新であったが、平然として、それを受け入れ、新しい明治の世の中を歩みはじめたのである。平蔵（七兵衛）、四三歳の時であった。

四　何でもこなして切り抜けた明治維新

大村藩にとって、たいへん幸運なことは、明治維新に功績があった藩として薩長土肥につながることが出来たことである。

平蔵（七兵衛）の明治維新は、明治二（一八六九）年に年来の精勤の賞として作所一反歩を賜ったことから始まった。

平蔵（七兵衛）の役職名は藩政改革により祐筆から書記と名称が変った。また、禄制改革により廩米九石（一石三俵づつ）となった。

はじめのうちは、役名は変っても職務内容は変わらなかったようで、明治三（一八七〇）年の一月には大村藩の東京詰方として赴任し、公用人助役として年俸三百円を支給された。翌明治四年七月には、一年半の東京勤務を終えて、帰郷したが、その冬には再び職名が「史生」に変更になるとともに、廃藩置県により大村県職員となった。大村県は半年ほどの命で、長崎県に合併し、平蔵（七兵衛）も明治五（一八七二）年四月には長崎県等外二等を命じられ、大村出張所詰社寺戸籍租税掛を勤めることになった。

細かいことではあるが、一藩士が幕藩体制の中から明治維新の制度のなかにどのように組み込まれて入ったのかを知る具体的な事例であるので、彼の記録をそのまま追ってみよう。

明治　五（一八七二）年四月一六日、長崎県等外二等大村出張所詰月給八円（前に述べた通り）

明治　五年一〇月　六日、長崎県等外一等、月給一〇円、

一〇月、大村出張所廃止、事務取り纏め

一一月　三日、長崎で勤務、庶務掛となる。すぐに、貫属社寺戸籍掛となる。

一一月一七日、辞職願いを出した。

一一月一九日、大村に帰った。

一一月二四日、久島崎《くしまざき》の大村家（旧藩主）から呼び出され家僕雇書吏となった。

明治　六（一八七三）年二月、家僕となった。

七月、人減らしにより、臨時用頭となった。

この時、大奥夫人（純熈公夫人のこと）が外海地方を遊覧したので附役助として随従した。

明治　七年　六月　六日、下等小学四等教員として松原校（大村市松原町の松原小学校の前身）に赴任。
月給三円。一家を挙げて引越しした。
明治　七年一〇月二八日、第十二大区彼杵千綿両村管轄の戸長を拝命した。
この年に、時津村の旧知行地十石の土地を旧家来の濱野治太郎と中道八百蔵に
百円で譲り渡した。
一二月　四日、学務取締兼務を命じられ、第十二大区各小学区を受持つこととなった。
この年には全国地租改正が行われ、戸長主任として実地丈量に従事した。（この
仕事は明治一〇まで行われた）また、千綿村、彼杵村浦役人の兼務も行なった。
明治一一（一八七八）年五月、老衰と病気を理由に辞職願を出したところ、精々療養するようにとの
ことで、辞職願いは受理されなかった。
明治一一年一〇月、郡制改革で大小区が廃止となり、事務帳簿を一一月三〇日に郡長に引継ぎ、一
二月四日に、任所を引払い大村に戻った。
一一月八日、額面五百六〇円（七部利付）の金禄公債証書と端金三円九六銭三厘を受け取
った。
明治一一年一二月一一日、隠居、長男主一へ家督を譲った。平蔵五三歳であった。
これまで、平蔵と七兵衛を併記していたが、いつ頃、七兵衛に改名したのか分らないので、隠居と

いう節目を機会に、我々も「七兵衛」と呼ぶことにしよう。

さて、以上のような七兵衛の経歴を見るとき、まじめで忠実に主人に仕えるバトラー（執事）のような性格の持ち主であることがよく分る。幕末から明治にかけて、立身出世を夢見、肩を怒らせて、駆け抜けていった下級武士たちも多いが、七兵衛のように、ただひたすらお家のために尽くし続けた武士もまた多かった。

時代の荒波は、武士は言うに及ばず、百姓・町人をも飲み込み翻弄した。このような時代の変換期には、朝《あした》には攘夷を叫んでいたところ、夕べにはつるりと顔を洗ったように、文明開化の旗頭としてメリケンさんの提灯を持つ人物が現われるものである。しかし、七兵衛には、そのような才覚は持ち合わせていなかった。

才覚がなかったということでもあるまいが、生き方を豹変させることを潔しとしなかったと言えるかも知れない。ともあれ、七兵衛は「家族第一、お家第一」の生きかた貫いていくのである。

五　雀百まで同じ歌をうたう

明治一一年暮れ、五三歳で公職を辞し、隠居してから一年も経たない明治一二年八月、大村家から呼び出しを受け、家従を命じられた。これから再び、明治三一年まで、二〇年間、大村家に仕え続けるのである。

その間、七兵衛にとって最も悲しかった年は、明治一五（一八八二）年であったろう。この年の一月一五日、主君の純熙が五二歳で亡くなったことである。また、それに引き続いて四月二日には、先君の純顕が六一歳で亡くなった。

七兵衛は、天保一〇（一八三九）年、一五歳（数え年）で元服し、藩士として始めて藩主に御目見えしたのは、一八歳（数え年）の純顕公であった。それから七年、純顕は、病弱で長崎警護の重任に耐えずとして僅か二五歳（数え）で隠居し、藩主の座を八歳年下の弟純熙に譲った。

七兵衛は、「純熙公遺金弐拾円、絽羽織壱。純顕公遺金拾五円、小袖壱、弁当壱ヲ賜う」と記録している。七兵衛が、最も親愛の情を込めて仕えた二君が相次いで世を去った後も、大村家との縁は切れなかった。

大村藩最後の藩主となった純熙は、子どもに恵まれなかった。正室と妾との間に一男七女をなしたが、たった一人の男の子郁丸は早世し、七人の女の子のうち三人だけが、成人し結婚することが出来たのみであった。

そこで、兄で前藩主純顕の子、純一《すみかず》を養子に迎え後継ぎにしていたが、万延元（一八六〇）年に亡くなった。純一の跡は、その弟でやはり前藩主純顕の子絢丸《あやまる》を仮養子にして幕府に届けた。

しかし、純熙は、どうしても自分の血筋に跡を伝えたかったのであろう、幕府が倒れ、気兼ねする必要がなくなると、明治八年に享之進《きょうのしん》（絢丸・武純）を元家臣であった熊野家に養子に出し、翌明治九

(一八七六)年に四女於計舞(憲子)に、佐土原藩島津家より純雄を婿養子に迎えた。武純は、後に大村家に戻り分家を立てた。

ついでに記しておくと、武純の子の純英《すみひで》は、純雄・憲子夫妻に子どもができなかったので、大村本家に養子として入っている。

さて、佐土原から入った純雄《すみお》は、純熙が亡くなってから二ヶ月後の明治一五年三月一〇日に、大村家の家督を相続し一一月に大村に下って来た。いわゆる(旧)藩主の「お国入り」である。この時に、お殿様の一行のお先手として、かつてのような働きをしたのが、七兵衛であった。

後継者の純雄が、旧藩内を巡村することとなり、七兵衛は、殿様一行の一日前に宿所へ行き、諸事万端を整え殿様が到着するのを待った。一行が着くと直ちに出発し、また前廻りをして、領内巡回の旅が無事に終るよう手筈を整えたのである。

このほか、大村家の土地山林の管理・売却などに奔走したり、大村神社の移転建設に関わったりしている。

明治二三(一八九〇)年、六五歳の時には辞職願を出したが、よほど信頼されていたのであろう、当分の間勉励するようにと、かえって二円増給し月給一四円となっている。

三年後の明治二六年には再度辞職願いを出し、いったんは認められたが、今度は玖島崎《くしまざき》屋敷の家従定助を命じられ、さらに五年勤めることになった。

最後の五年間に七兵衛が記録していることは、明治二八(一八九五)年に玖島城(大村城のこと)内の楠を大村家のために売却したこと、明治三〇年に純熈公の未亡人於嘉庸《おかよ》の方慈照院が六二歳で亡くなられ、遺物の綿帷子地一反を頂いたことなどである。

そうして明治三一（一八九八）年二月二七日、願の如く玖島崎後家従定助を免じられ、拾円を賜ったことで、筆を擱いている。七三歳であった。

没年は分らない。

六　日本人と歴史認識

日本人は、水戸黄門さんの「この（葵の御紋の）印籠が目に入らぬか」というフレーズが大好きである。「差別だっ！」「プライバシーだっ！」と言ったら、青ざめて「ハハーッ！」と恐れいってしまい、何も反論しない。

なかでも「平和」は、最も強力な呪文である。「平和だっ！」「テロだっ！」の掛け声の下、平和に反することが堂々と行われたり、それに平気で協力したりする。

今日の世界平和を妨げる真の理由を分析したり、テロが何故起るのかを追及したりすることを、あえてしようとしない。

このように卑屈で従属的な日本人の態度は、幕末から明治維新にかけて醸成されていったものである。いや、信長・秀吉・家康の時代から、この傾向は形作られていたったのかも知れない。

また、「この印籠が……」に弱いということは、権威や常識、定説などに、異を唱えることに恐れを抱いていることなのかも知れない。

このことを裏返して言うと、日本人は流行には弱いということである。大NHKが「篤姫・直江兼続」と言うと、篤姫・兼続ブームが巻き起こる。今度は日本の大偉人坂本龍馬ブームが来るであろう。※
※平成二三年の原稿なので、これからは真田や伊能がブームになるだろう。
日本のテイバン偉人、聖徳太子・織田信長・坂本龍馬などにクレームでも付けたら一大ブーイングが巻き起こる。やはり、その他大勢の一員となってブームのお神輿を担いでいかなければ安心ができない。

日本人は、人と異なることが、たいそう怖いのである。

今、日本人をたいへんおおざっぱに切って捨てたのであるが、もちろん、すべての日本人が付和雷同型ではない。結構、臍が曲った個性的な人間もいる。誰が何と言おうとも、自分はこう思う、こう感じると主張する人々がいる。

人は、それぞれ違うのだから、違う思いや考えを持つことが当たり前である。

ただ問題なのは、個性派の人間にとって、日本という国がたいへん住みにくい仕組みになっているということである。

世の中を動かし、時代をリードするのは、個性的な発想や、人間が必要である。権威に弱い日本という国を形作っている人々は、かえって成功をした個性にたいしては、賞賛の嵐を浴びせ、ハーメルンの子どもたちよろしくついていく。

一方、権威に対してついて行こうとせずに、「自分は自分」と主張するその他の個性を「変わり者」として無視し、切って捨てる。「この印籠を……」のフレーズの下に、どれだけ多くの貴重な個性が潰されていったであろうか。

人間は、それぞれに宿命的に個性を持っている。そうして、それぞれの個性はかけがえのない貴重なものである。

私は、成功しようとしまいと、また、賞賛されようとされまいと、無視されようとされまいと、小鳥が囀るように、己の個性や感性に従って生き続け、歌い続けた人々を、この上もなくいとおしく思っている。

著者略歴

江越弘人（えごし　ひろと）

昭和一〇（一九三五）年、長崎市（旧高浜村）生まれ。

昭和三四（一九五九）年、長崎大学学芸学部卒業。

長崎県公立学校教員（小学校）を歴任。

平成八（一九九六）年、定年退職（最終勤務校、長崎市立鳴見台小学校）。現在、長崎の歴史と史跡について講演やガイドを精力的に行なっている。

著書に
『白帆注進』（共著、長崎新聞社）。『幕末の外交官森山栄之助』（弦書房）。『〈トピックスで読む〉長崎の歴史』（弦書房）。『逃げる男　活版印刷の祖・本木昌造』（長崎新聞社）など。

長崎がうんだ奇妙人列伝

発行日　二〇一六年四月二七日　初版第一刷
著者　江越弘人
発行者　片塩二朗
発行所　株式会社朗文堂
一六〇―〇〇二二
東京都新宿区新宿二―四―九
telephone 03-3352-5070
facsimile 03-3352-5160
http://www.ops.dti.ne.jp/~robundo/
印刷・製本　株式会社理想社、株式会社松岳社

ISBN978-4-947613-93-6 C0021